Ein Grundeinkommen für alle?

Philippe Van Parijs, Dr. phil., lehrt politische Philosophie in Harvard und ökonomische und soziale Ethik an der Katholischen Universität Louvain. *Yannick Vanderborght*, Dr. rer. soc., lehrt dort Soziale Sicherung. *Claus Offe* ist Professor für Politikwissenschaft an der Humboldt Universität zu Berlin.

Yannick Vanderborght, Philippe Van Parijs

Ein Grundeinkommen für alle?

Geschichte und Zukunft eines radikalen Vorschlags

Mit einem Nachwort von Claus Offe

Campus Verlag
Frankfurt/New York

Die französische Ausgabe erschien unter dem Titel »L'Allocation Universelle« bei Editions La Découverte, Paris © Editions La Découverte, Paris, 2005
Aus dem Französischen von Michael Tillmann
Redaktion: Christian Brütt

Bibliografische Information der Deutschen Bibliothek
Die Deutsche Bibliothek verzeichnet diese Publikation in der Deutschen Nationalbibliografie. Detaillierte bibliografische Daten sind im Internet über http://dnb.ddb.de abrufbar.
ISBN 3-593-37889-2

Umschlaggestaltung: Guido Klütsch, Köln
Druck und Bindung: Druckhaus Beltz, Hemsbach
Gedruckt auf säurefreiem und chlorfrei gebleichtem Papier.
Printed in Germany

Besuchen Sie uns im Internet: www.campus.de

*Für Rebecca, Jonathan, Benjamin, Sarah, Nils und Tim
in der Hoffnung, dieses Buch möge dazu beitragen,
dass die Welt, in der sie leben werden, gerechter wird.*

Inhalt

EINLEITUNG 11

I. EINE NEUE IDEE? 14

1. Vorläufer 15
Öffentliche Fürsorge: Von Morus und Vives bis zu den *Poor Laws*
Sozialversicherung: Von Condorcet bis zum Bismarckschen Sozialstaat
Ein erneuertes Sozialleistungssystem: Von Beveridge zur Sozialhilfe

2. Vordenker 21
Thomas Paines allgemeine Ausstattung
Der utopische Sozialismus von Spence, Charlier und Mill

3. Erste Debatten 26
Von der kämpferischen Parole zur akademischen Anerkennung:
England in der Zwischenkriegszeit
Ein kurzes Strohfeuer: Die Vereinigten Staaten in den sechziger Jahren

4. Jüngere Entwicklungen 31
Ein Neuanfang: Europa in den 1980er Jahren
Eine unerwartete Dynamik: Das Basic Income Earth Network
Diskret, aber konkret: Das Beispiel Alaska

II. EINE VIELFÄLTIGE IDEE? 37

1. Ein Einkommen, ... 37
Auszahlungsmodalitäten: Als Geld- oder als Sachleistung?
Auszahlungsrhythmus: Einmalig oder regelmäßig?
Auszahlungshöhe: Mehr oder weniger als die Armutsschwelle?

2. … das von einem politischen Gemeinwesen 41
Auszahlungsebene: Kommunal oder global?
Finanzierungsmodus: Redistributiv oder distributiv?

3. … an alle seine Mitglieder individuell 46
Mitgliederstatus: Bürger oder Einwohner?
Differenzierung nach Lebensalter?
Bezugseinheit: Haushalt oder Individuum?

4. … ohne Bedürftigkeitsprüfung 48
Einkommensabhängige und einkommensunabhängige Transferleistung
Allgemeines Grundeinkommen und Negative Einkommensteuer
Allgemeines Grundeinkommen und Kombilohn

5. … und ohne Gegenleistung ausgezahlt wird 59
Freiwillige Arbeitslosigkeit?
Verpflichtung zur gesellschaftlichen Beteiligung?

6. Drei zentrale Unterschiede 61

III. EINE GERECHTE IDEE? 64

1. Ein effizientes Mittel im Kampf gegen die Armut? 64
Eine allzu kostspielige Maßnahme?
Eine Besserstellung der armen und eine Schlechterstellung der reichen Bevölkerungsschichten?
Geringere Verwaltungskosten?
Billiger ohne Gegenleistung?
Unvermeidliche Mehrkosten durch eine individuelle Leistungsbewilligung
Kostenfaktor Kumulierbarkeit

2. Ein effizientes Mittel im Kampf gegen die Arbeitslosigkeit? 74
Eine Alternative zur Strategie für Vollbeschäftigung?
Verschwindet die Arbeitslosigkeitsfalle?
Subventionierung des Niedriglohnsektors?
Eine behutsame Technik der Arbeitsumverteilung?
Einkommenssockel statt soziales Netz?

3. Ein optimales Instrument? ... 81
Maximierung der Beschäftigung?
Maximierung des Bruttoinlandsprodukts?
Allgemeines Grundeinkommen als Notbehelf

4. Gerechtigkeitserfordernis? ... 87
Die Erde gehört allen
Ein kapitalistischer Weg zum Kommunismus
Rawls als Gegner des allgemeinen Grundeinkommens?
Gerechtigkeit als reale Freiheit für alle
Eine bedingungslose Rechtfertigung?

IV. EINE IDEE FÜR DIE ZUKUNFT? ... 99

1. Gesellschaftliche Kräfte ... 100
Arbeitnehmer
Arbeitslose und Prekarisierte

2. Politische Organisationen ... 105
Grüne
Linksliberale Parteien
Sozialdemokratische Parteien
Linksradikale Parteien

3. Vielversprechende Übergangsmaßnahmen ... 114
Die Last des Bestehenden
Eine haushaltsbezogene Negativsteuer
Eine individuelle und auszahlbare Steuergutschrift
Ein partielles allgemeines Grundeinkommen
Gesellschaftliche Beteiligung als Voraussetzung für ein Grundeinkommen

4. Unbegangene Pfade ... 124
Alternative Modelle
Eine Eurodividende?

SCHLUSSBEMERKUNG 129

NACHWORT VON CLAUS OFFE 131

LITERATUR 151

SACH- UND PERSONENREGISTER 165

Einleitung

Brasilia, Präsidentenpalast, 8. Januar 2004. Von den Saalwänden lächeln fröhliche Gesichter jeden Alters und jeder Rasse. Dazwischen der Slogan: »Grundeinkommen für alle«. In der allgemeinen Hektik der TV-Teams bringen sich die Minister in Pose. Der brasilianische Staatspräsident betritt in Begleitung seiner Gattin und des Regierungschefs die Bühne. Zwanzig Minuten später, nach zwei offiziellen Ansprachen, erhebt sich Luiz Inácio Lula da Silva unter dem Beifall der Versammelten und unterzeichnet das Gesetz zur Einführung eines allgemeinen Grundeinkommens für alle Brasilianer. Zwar ist dieses Basiseinkommen dem Gesetzestext zufolge zuerst den Bedürftigsten zugedacht und die schrittweise Ausdehnung auf die gesamte Bevölkerung an haushaltpolitische Rahmenbedingungen gekoppelt. Trotzdem zeigt diese Maßnahme, die ausgerechnet in einem Land verabschiedet wurde, wo man sie am wenigsten erwartet hätte, wie ein Gedanke, der noch vor kurzem als versponnen abgetan wurde, zu einem Bezugspunkt und Antrieb für die politisch Handelnden werden und zur Gestaltung der Wirklichkeit beitragen kann.

Wer heute in Europa oder in anderen Teilen der Welt über die Zukunft der Sozialversicherung nachdenkt, kommt an dem Gedanken eines Grundeinkommens nicht vorbei, d.h. an der Idee, allen Bürgern eine Basisleistung auszuzahlen, die an keinerlei weitere Bedingungen geknüpft und mit jeder Form eines zusätzlichen Einkommens kumulierbar ist.

Dieser überaus simple Gedanke, der zum ersten Mal im ausgehenden 18. Jahrhundert formuliert worden war und 1981 ohne großes Aufsehen und wie nebenbei in Alaska in die Praxis umgesetzt wurde, hat eine erstaunliche Geschichte in Theorie und Politik hinter sich. Seit Mitte der achtziger Jahre steht er im Mittelpunkt einer immer gehaltvolleren Debatte, die unterdessen auch auf andere Kontinente übergesprungen ist. Im Laufe der Zeit wurde diese Idee von Befürwortern verfochten, die unterschiedlicher kaum sein konnten. Im rechten wie im linken Lager ließen sich wütende Gegenstimmen vernehmen. Sowohl die Befürworter als auch die Gegner dieser Idee sahen sich jedoch dazu veranlasst, komplexe und kohärente Argumentationen zu entwickeln, die sich mit der Funktionsweise unserer Wirtschaft auseinander setzen und jene Werte im Kern berühren, auf denen unsere Gesellschaft aufbaut.

Manchen gilt das allgemeine Grundeinkommen als wichtigstes Heilmittel gegen zahlreiche Übel wie vor allem Armut und Arbeitslosigkeit. Andere jedoch sehen darin nichts weiter als ein abstruses Trugbild, das wirtschaftlich nicht umzusetzen und ethisch äußerst fragwürdig ist. Egal ob man es jedoch begrüßt oder verteufelt, wer auch immer sich angesichts der vielschichtigen »Krise«, mit denen der Sozialstaat konfrontiert ist, sich um eine Neukonzeption seiner Aufgaben bemüht, wer auch immer nach Mitteln und Wegen sucht, wie sich wirtschaftliche Sicherheit neu gestalten lässt, um sich den Herausforderungen der Globalisierung stellen zu können, wer auch immer nach einer radikalen und innovativen Alternative zum Neoliberalismus strebt, muss sich zwangsläufig mit diesem Konzept auseinander setzen.

Das vorliegende Buch will in erster Linie dazu beizutragen, dass die Debatte über diese umstrittene Idee möglichst sachlich und wohl informiert geführt werden kann. Im ersten Kapitel wird die Vorgeschichte und die Geschichte dieses Gedankens von Thomas Morus bis zur Sozialhilfe, von Thomas Spence bis zum BIEN (*Basic Income European Network*) nachgezeichnet. Das zweite Kapitel beschäftigt sich mit den verschiedenen Facetten des allgemeinen Grundeinkommens, untersucht die unterschiedlichen Varianten und erklärt die Bezüge zu verwandten Ideen. In Kapitel III geht es um die zentralen Argumente für und gegen das allgemeine Grundeinkommen und damit um eine Zusammenfassung einer breiten Debatte, deren wirtschaftliche, soziologische und philosophische Aspekte eng miteinander zusammenhängen. Vor diesem Hintergrund wird dann im abschließenden vierten Kapitel der Frage nachgegangen, ob und inwiefern dieses Vorhaben politisch überhaupt umsetzbar ist.

Als Autoren des Buches wollen wir gar nicht so tun, als wären wir neutral. Wir finden es wichtig, zu einer gehaltvollen Debatte um den Gedanken eines allgemeinen Grundeinkommens beizutragen, weil wir der Überzeugung sind, dass er in eine Richtung weist, auf die unsere Systeme der sozialen Sicherung sich zubewegen sollten. Andererseits ist das Buch auch nicht als ein Plädoyer zu verstehen. Indem wir hier einen strukturierten und dokumentierten Einblick in eine facettenreiche, oft unübersichtliche und manchmal emotional geführte Debatte geben, wollen wir dem Leser eine solide Wissensbasis bieten, mit der er sich seine eigene Meinung bilden kann, und gleichzeitig zahlreiche Missverständnisse ausräumen, die zu nutzlosen Blockaden führen, und Illusionen zerstören, die nur übertriebene Hoffnungen nähren.

Allgemeines Grund- und garantiertes Mindesteinkommen

Ein gesetzliches, garantiertes Mindesteinkommen, für das das 1988 in Frankreich eingeführte Wiedereingliederungsgeld (RMI – *revenu minimum d'insertion*) eine besonders umfassende Variante darstellt, weist mehrere Gemeinsamkeiten mit dem Grundeinkommen auf: Sozialhilfeleistungen dieser Art und Grundeinkommen werden

- als Geldleistung,
- regelmäßig,
- vom Staat
- und ohne vorausgegangene Beitragsleistungen

ausgezahlt.

Unterschiede zu dem Grundeinkommen bestehen jedoch in drei wichtigen Punkten: Die gesetzlich vorgeschriebenen Leistungen sind

- ausschließlich den Ärmsten vorbehalten (Bedürftigkeitsprüfung),
- berücksichtigen die familiäre Situation der Anspruchsberechtigten und
- sind an deren Arbeitsbereitschaft gekoppelt.

Auf das allgemeine Grundeinkommen haben demgegenüber

- alle Bürger unabhängig von ihrer wirtschaftlichen Lage (keinerlei Bedürftigkeitsprüfung),
- individuell
- und ohne irgendeine Form der Gegenleistung

Anspruch.

Das Fehlen einer Bedürftigkeitsprüfung beinhaltet natürlich die Möglichkeit, parallel anderweitig Einkünfte zu beziehen, setzt diese aber nicht voraus (vgl. II.4).

I. Eine Neue Idee?

Unter »allgemeinem Grundeinkommen« verstehen wir hier *ein Einkommen, das von einem politischen Gemeinwesen an alle seine Mitglieder ohne Bedürftigkeitsprüfung und ohne Gegenleistung individuell ausgezahlt wird.* Der Gedanke eines Grundeinkommens, auf den zu unterschiedlichen Zeiten und an unterschiedlichen Orten verschiedene Menschen unabhängig voneinander gekommen sind, wurde mit einer Vielzahl an Begriffen bezeichnet, die zumeist entweder aus der Verbindung von einem Substantiv – »Einkommen«, »Leistung«, »Dividende«, »Prämie«, »Lohn« – und einem Adjektiv bzw. einer attributiven Ergänzung – »universell«, »allgemein«, »garantiert«, »national«; »de base«, »state«, »de cittadinanza« – oder, je nach Sprache, aus einer Zusammensetzung – »borgerløn«, »basisinkomen«, »demogrant« – bestehen.

Das »allgemeine Grundeinkommen« und seine Synonyme

Dividende territorial (Joseph Charlier, Belgien, 1894)
State bonus (Dennis Milner, Großbritannien, 1918)
National Dividend (C.H. Douglas, Großbritannien, 1932)
Basisinkomen (Jan Tinbergen, Niederlande, 1934)
Social dividend (George D.H. Cole, Großbritannien, 1935)
Basic income (George D.H. Cole, Großbritannien, 1953)
Demogrant (James Tobin, Vereinigte Staaten, 1967)
Borgerløn (Niels Meyer et al., Dänemark, 1978)
Allocation universelle (Collectif Charles Fourier, Belgien, 1984)
Bürgergeld (Joachim Mitschke, Deutschland, 1985)
Reddito di cittadinanza (CGIL, Italien, 1988)
Revenu d'existence (Henri Guitton, Frankreich, 1988)
Dividende universel (Christine Boutin, Frankreich, 2003)

Jeder einzelne dieser Begriffe hat Vor-, aber auch Nachteile. Der französische Ausdruck *allocation universelle* ist insofern interessant, als er eine Analogie zu dem allgemeinen Wahlrecht (frz. *suffrage universel*) herstellt. Andererseits suggeriert das Adjektiv *universel* allerdings auch die Notwendigkeit einer weltweiten Umsetzung. In der internationalen Diskussion ist der Begriff »Grundeinkommen« (engl. *basic income*) vorherrschend, der auf eine für alle identische Basisleistung verweist, zu denen noch Einkünfte aus anderen Quellen ohne Abstriche hinzukommen können. Der Nachteil besteht hier jedoch darin, dass er einen notwendigen Zusammenhang mit Grundbedürfnissen suggeriert.

Die Wahl eines treffenden Begriffs ist durchaus nicht nebensächlich, insofern er einen gewissen Einfluss auf die politische Umsetzbarkeit hat. In erster Linie geht es jedoch darum, die zugrunde liegende Idee so exakt wie möglich zu beschreiben und sie vor allem genauestens gegen bereits bestehende Sicherungsleistungen abzugrenzen. Zwar lässt sich der Gedanke eines garantierten Mindesteinkommens bis zu Morus und Vives im frühen 16. Jahrhundert zurückverfolgen. Die spezifische Form eines Mindesteinkommens, wie es das allgemeine Grundeinkommen darstellt, trat dagegen erst Mitte des 19. Jahrhunderts kurz in Erscheinung und wurde erstmals im Anschluss an den ersten Weltkrieg Gegenstand einer wirklichen Debatte, die allerdings nur von kurzer Dauer war.

1. Vorläufer

Öffentliche Fürsorge: Von Morus und Vives bis zu den Poor Laws

Bis ins 16. Jahrhundert liegt die Armenhilfe in Europa in der Hand privater, bisweilen von religiösen Gemeinschaften getragener Wohlfahrtsleistungen auf kommunaler Ebene. Das Subsistenzniveau ist dabei nicht gesichert, und der Begriff eines Mindesteinkommens selbst unbekannt. Erstmals findet sich in dem 1516 in Leuwen veröffentlichten Werk *Utopia* von Thomas Morus (1478–1535) der Vorschlag einer Einkommensgarantie: Der Reisende Raphael empfiehlt sie mit großer Eloquenz dem Erzbischof von Canterbury als ein zur

Bekämpfung der Kriminalität weitaus effizienteres Mittel als die Todesstrafe.

Die erste detaillierte Argumentation zugunsten eines garantierten Mindesteinkommens verdanken wir allerdings einem Freund von Thomas Morus, nämlich dem Humanisten jüdisch-katalanischer Herkunft und Lehrer in Leuwen, Johannes Ludovicus Vives (1492–1540). In *De Subventione Pauperum* (1526), einer den Bürgermeistern und Schöffen der Stadt Brügge gewidmeten Schrift, liefert er eine Begründung, warum die städtischen Behörden die Armenfürsorge übernehmen sollten. Vives zufolge basiere ein solches öffentliches Fürsorgewesen immer noch auf einer christlich-jüdischen Pflicht zur Nächstenliebe und würde mithin ausschließlich durch freiwillig gezahlte Almosen finanziert werden. Diese öffentliche Fürsorge wäre jedoch viel effizienter als die private Armenhilfe, weil sie die Hilfsleistungen gezielt den wirklich Bedürftigen zukommen lasse und im Gegenzug legitimerweise ohne Weiteres an eine Arbeitsleistung gekoppelt werden könne: »Kein Bedürftiger, der aufgrund seines Alters und seiner Gesundheit arbeiten kann, darf untätig bleiben.«

In den darauf folgenden Jahrzehnten beschließen verschiedene Stadtverwaltungen in Europa mehr oder weniger rudimentäre Fürsorgeleistungen zugunsten der Bedürftigen, die sich an diesem Modell orientieren. Mit einer Verordnung Karls V. werden 1531 beispielsweise verschiedene, auf lokaler Ebene getroffene Maßnahmen auf das gesamte Gebiet der Niederlande ausgeweitet. In Schottland (1579) und später in England (1601) tritt eine Armengesetzgebung (*Poor Laws*) in Kraft. Damit werden die Stadtverwaltungen dazu verpflichtet, sich der Mittellosen anzunehmen und sie mit Sachleistungen (Nahrungsmitteln) zu versorgen, und all jene, die dazu im Stande sind, dazu gezwungen, als Gegenleistung gegebenenfalls in eigens dafür errichteten Arbeitshäusern (*workhouses*) zu arbeiten. Angesichts der Furcht, die durch die Hungersnot bedingten Aufstände könnten schließlich in eine Revolution münden, werden die *Poor Laws* zu einer Form von Armenhilfe ausgeweitet (das System Speenhamland), die den modernen Mindeststandards, wie beispielsweise der Sozialhilfe, ähneln.

Das garantierte Mindesteinkommen in Speenhamland

Im Mai 1795 begründete die Stadtverwaltung des südenglischen Speen eine Armenhilfe in Form einer Barauszahlung, auf die alle im Stadtgebiet wohnhaften Bedürftigen Anspruch hatten. Angesichts der Brotaufstände und einer drohenden Hungersnot zwangen die Friedensrichter die Gemeinden durch den Erlass einer Verordnung zur Auszahlung einer Beihilfe für Not leidende Arbeiter, durch die ein minimales Einkommensniveau erreicht wurde, das die Haushaltsstärke berücksichtigte und an den Getreidepreis gekoppelt war. Im Rahmen ihrer Möglichkeiten waren die Anspruchsberechtigten dazu angehalten »selbst für ihren Lebensunterhalt aufzukommen«. Dieses unter der Bezeichnung »Speenhamland-System« bekannte Gesetz wurde schrittweise auf andere Kommunen ausgedehnt.

Über die Folgen für Armut, Arbeitslosigkeit und Wirtschaftswachstum entbrannte sogleich eine intensive Debatte, die bis heute anhält (vgl. Block/Somers 2001). Manche, wie Thomas Malthus (1766–1834), dessen *Essay on the Principle of Population* (1789) aus dieser Zeit stammt, forderten die Rücknahme jeder Form der Armengesetzgebung: Eine Ausweitung der öffentlichen Hilfsleistung habe nämlich lediglich zur Folge, dass die Armen weniger arbeiten und sparen, dass sie früher heiraten und mehr Kinder in die Welt setzen und dass der Preis der von ihnen konsumierten Güter steige, so dass letztlich nur das Realeinkommen sinke. Andere, wie Karl Polanyi (1886–1964) in einem berühmten Kapitel aus *The Great Transformation* (1944), sehen darin jedoch ein ganz zentrales Moment im Prozess der Anpassung der gesellschaftlichen Institutionen an die ungeahnten Herausforderungen der Industriellen Revolution. Das heftig umstrittene Speenhamland-System wurde allerdings 1834 endgültig wieder abgeschafft. Die *Poor Laws* traten im Anschluss daran wieder in Kraft und die *workhouses* öffneten wieder ihre Pforten.

Sozialversicherung: Von Condorcet bis zum Bismarckschen Sozialstaat

Im 19. Jahrhundert machte sich im Zuge der Industriellen Revolution und der baldigen Überforderung der traditionellen Solidarbeziehungen ein immer dringlicheres Bedürfnis nach Formen der sozialen Sicherung breit, die über den begrenzten Rahmen der Armenhilfe hinausweisen. Um den Forderungen der sozialistischen Arbeiterbewegung den Boden zu entziehen, entwickelt Reichskanzler Otto von Bismarck ab 1883 das erste allgemeine, für alle Arbeiter geltende Pflichtversicherungssystem, dessen Grundgedanke erstmalig von Condorcet (1745–1794) in seinem *Entwurf einer historischen Darstellung der Fortschritte des menschlichen Geistes* (1795) formuliert worden war.

In diesem »Bismarckschen« bzw. »konservativ-korporatistischen« Modell (Esping-Andersen 1990), wie es später genannt wurde, das in weiten Teilen Kontinentaleuropas übernommen wurde, ist die soziale Absicherung eng an die Arbeit und an den Arbeitnehmerstatus gebunden. Durch Pflichtbeiträge, die vom Arbeitslohn einbehalten werden, lassen sich somit zumindest partiell die Einkünfte der Arbeiter und ihrer Familien absichern, falls sie von einem der zahlreichen Risiken – Arbeitslosigkeit, Krankheit, Invalidität, Alter und Tod des Ernährers – getroffen werden sollten. Seit Bismarck haben sich die sozialen Sicherungssysteme grundlegend gewandelt. Sie wirken jetzt nicht mehr nur in gesellschaftlichen Randbereichen, sondern werden nach und nach zu einem der Hauptttätigkeitsfelder der öffentlichen Hand. Es ist die Geburtsstunde des Sozialstaates, in dem das Versicherungsprinzip an die Stelle der Fürsorgeleistungen in gesellschaftlichen Randbereichen tritt, ohne diese jedoch völlig überflüssig zu machen.

Ein erneuertes Sozialleistungssystem: Von Beveridge zur Sozialhilfe

In einem Sozialversicherungssystem sind faktisch all jene ausgeschlossen, die sich nicht in einem abhängigen Beschäftigungsverhältnis befinden: Die Solidarität gilt hier nur unter Arbeitnehmern. Durch die Einrichtung eines Sozialversicherungssystems erübrigt sich also nicht einfach die Frage nach einem Mindesteinkommen, die im Anschluss an den berühmten, unter der Leitung William Beveridges verfassten Bericht über *Social Insurance and Allied Services* (1942) erneut in den Blickpunkt rückt. Mit dem *National Assistance Act* legte Großbritannien den Grundstein zu einem wirklichen Mindesteinkommen, das allen Haushalten ohne zeitliche Beschränkung und auf einem zur Bestreitung des Lebensunterhaltes hinreichenden Niveau zusteht und das die staatlichen Sozialleistungen, bestehend aus Kindergeld und Leistungsansprüchen bei Krankheit, Invalidität, unfreiwilliger Arbeitslosigkeit und im Alter, ergänzt.

In der zweiten Hälfte des 20. Jahrhunderts wurden ähnliche, mehr oder weniger allgemeine und mehr oder weniger großzügige Maßnahmen in anderen Teilen Europas verabschiedet, weil man auch hier nach und nach erkennt, dass ein ausschließlich versicherungsbasiertes System nicht ausreicht. Als erste bauen die skandinavischen Länder verschiedene Formen der sozialen Hilfsleistungen zu landesweiten Programmen der Einkommenssicherung aus. Die Niederlande und Belgien folgen 1963 bzw. 1974. In der Bundesrepublik Deutschland gibt das Bundessozialhilfegesetz (1961) den allgemeinen Rechtsrahmen vor, wobei jedoch die Umsetzung allein den Gemeinden obliegt. Dadurch entstehen – allerdings relativ geringe – Ungleichheiten bei der Interpretation der Anspruchsberechtigung und der Leistungsbemessung. In Frankreich wird die öffentliche Debatte um die Einrichtung eines garantierten Mindesteinkommens im Zusammenhang mit der verspäteten Schaffung (1988) einer ehrgeizigen, landesweit geltenden Sozialhilfe, dem so genannten *Revenu minimum d'insertion* (RMI – Mindesteinkommen zur Eingliederung), mit besonderer Schärfe geführt.

Einkommenssicherungssysteme finden sich zudem in allen kanadischen Provinzen sowie im gesamten Bundesstaat Australien. In den Vereinigten Staaten jedoch gibt es keinerlei Programm mit einem derartigen Allgemeinheitsanspruch. Die *Aid to Families with Dependent Children* (AFDC) wurde 1935 zur Unterstützung armer Familien geschaffen. Mit ihrer Umbenennung 1996 in *Temporary Assistance to Needy Families* (TANF) wurde die Leistungsdauer dieses Programms beschränkt, wobei bei der Finanzierung ein bundesstaatlicher Grundbetrag mit einer weitgehenden Autonomie der Staaten hinsichtlich der einzelnen Ausgabenposten (Auszahlung einer Leistungspauschale, Kinderbetreuung, Transportmittelzuschüsse usw.) einhergeht. Darüber hinaus stellt das Programm der so genannten *Food Stamps*, das 1964 im Rahmen des unter Lyndon B. Johnson geführten *War on Poverty* verabschiedet wurde, erwerbsfähigen Erwachsenen unter haushaltspolitischem Vorbehalt Nahrungsmittelgutscheine zur Verfügung, die beim beteiligten Einzelhandel eingelöst werden können.

Wenn auch diese unterschiedlichen Hilfsleistungen in ihren konkreten Ausprägungen stark voneinander abwichen, bildeten sie für die Ärmsten ein unterstes Sicherungsnetz, das ihnen eine minimale Grundsicherung garantierte. Verworfen werden hier jedoch meistens, ganz in der Tradition der Speener Friedensrichter, eine Auszahlung in Sachleistungen und Zwangsarbeit, die mit der ursprünglichen Auffassung sozialer Fürsorge verbunden sind, wie sie für Vives, die *Poor Law* oder auch die heutigen Verfechter eines *workfare*, d.h. eines aktivierenden Sozialstaates mit starken Zwangsmaßnahmen (vgl. IV.2), charakteristisch ist. Mit dieser Konzeption gemeinsam ist ihnen jedoch das Grundprinzip der Fürsorge – Hilfe für Bürger, die unfreiwillig in Not geraten – und die drei damit stets einhergehenden Bedingungen: Berücksichtigung der familiären Situation, Bedürftigkeitsprüfung und Arbeitsbereitschaft.

Die sozialen Mindeststandards in Europa (EU 15)

Land	Mindesteinkommen (Anfängliche Bezeichnung)	Jahr der Einführung
Belgien	Minimex/Bestaansminimum	1974
Dänemark	Bistand	1974
Deutschland	Sozialhilfe	1961
Finnland	Huoltoapu	1956
Frankreich	Revenu Minimum d'Insertion	1988
Griechenland	Noch nicht in Kraft getreten	----
Großbritannien	National Assistance	1948
Irland	Supplementary Welfare Allowance	1977
Italien	Noch nicht in Kraft getreten	----
Luxemburg	Revenu minimum garanti	1986
Niederlande	Algemene Bijstand	1963
Österreich	Kein nationales Mindesteinkommen	----
Portugal	Rendimento mínimo garantido	1997
Schweden	Socialhjälp	1957
Spanien	Kein nationales Mindesteinkommen	----

In dieser Tabelle finden sich lediglich die allgemeinen, auf nationaler Ebene geregelten Hilfsleistungen, die jedoch in (manchmal stark) dezentralisierter Form verwaltet werden. In mehreren Fällen wurden sowohl die Bezeichnung als auch die Voraussetzungen für die Bewilligung des Mindesteinkommens im Laufe der Jahre erheblich modifiziert. Darüber hinaus haben manche Staaten, denen es an einer nationalen Gesetzgebung fehlt, relativ homogene Hilfsprogramme eingerichtet. Das gilt etwa für Spanien, wo alle autonomen Regionen nach und nach Sozialleistungen verabschiedet haben, die sich untereinander durchaus ähneln.

2. Vordenker

Thomas Paines allgemeine Ausstattung

Keine dieser drei Bedingungen ist an den Vorschlag geknüpft, den Thomas Paine (1737–1809), eine der Leitfiguren der Französischen und Amerikanischen Revolution, in einem kleinen Band mit dem Titel *Agrarische Gerechtigkeit* der französischen Revolutionsregierung vorgelegt hatte. Paines Vorschlag, der sich weder auf den Gedanken einer Sozialversicherung noch auf die Idee einer sozialen Fürsorgeleistung reduzieren lässt, besteht vielmehr darin, jedem Mann und jeder Frau beim Eintritt ins Erwachsenenalter einen bescheidenen Pauschalbetrag und später eine kleine Rente auszuzahlen. In seinen Augen hat dies weniger etwas mit Barmherzigkeit oder Solidarität zu tun, als dass es einem Gerechtigkeitserfordernis entspricht: Paine zufolge wird durch eine gleichmäßige Verteilung der Erträge der Erde unter allen Bürgern lediglich ein abstrakter Gedanke konkretisiert, der sich bis zu dem holländischen Humanisten Hugo Grotius und seinem Buch *Vom Recht des Krieges und des Friedens* (*De jure belli ac pacis,* 1625) zurückverfolgen lässt und dem zufolge die Erde der gesamten Menschheit gehört.

Agrargerechtigkeit nach Thomas Paine

Paines Vorschlag lautet, »allen Bürgern mit ihrem 21. Geburtstag aus einem nationalen Fonds einen Betrag von 15 Pfund Sterling als Entschädigung für die naturrechtlichen Ansprüche, die ihnen durch das System des Grundeigentums verloren gegangen sind, auszuzahlen. Darüber hinaus sollen alle Bürger, die bereits ihr 50. Lebensjahr erreicht haben, und all jene, die es noch erreichen werden, bis an ihr Lebensende jährlich eine Summe von zehn Pfund Sterling erhalten.« Diese Leistungen kommen allen Bürgern, »ob arm oder reich«, zugute, weil »alle Personen darauf gleichermaßen ein Anrecht besitzen, ungeachtet ihres selbst erarbeiteten, ererbten oder anderweitig geschaffenen Vermögens« (Paine 1796).

Für dieselbe Idee werden später noch andere Autoren mit zum Teil davon abweichenden Begründungen eintreten. 1829 beispielsweise macht der Vorsitzende der kurzlebigen *Workingmen's Party*, Thomas Skidmore (1790–1832), den Vorschlag, den Wert des Grundbesitzes der im Laufe eines Jahres verstorbenen Bürger zu gleichen Teilen zwischen all jenen aufzuteilen, die in demselben Jahr das Erwachsenenalter erreichen. In vergleichbarer Weise wirbt der französische Philosoph François Huet (1814–1869) dafür, dass bei individuellem Vermögen nach einem persönlichen Leistungsanteil und einem ererbten Anteil unterschieden werden solle. Über den persönlich erarbeiteten Anteil möge man frei verfügen, während der ererbte Anteil nach dem Tode der Gemeinschaft zufallen und zur Finanzierung einer Grundleistung beitragen solle, die allen jungen Bürgern in gleicher Höhe zustehe (Huet 1853).

Nach langer Unterbrechung wurde dieser Gedanke einer einmaligen Zahlung von den beiden an der *Yale Law School* (USA) lehrenden Professoren Bruce Ackerman und Anne Alstott (1999) wieder aufgegriffen: Ihrem Vorschlag zufolge sollte jeder einzelne Schüler nach Abschluss der Sekundarstufe Anspruch haben auf eine über die Erbschaft- und Vermögensteuer finanzierte Zahlung in Höhe von 80.000 Dollar, die in vier Raten gekoppelt mit einem allgemeinen Rentenanspruch erfolgen soll.

Der utopische Sozialismus von Spence, Charlier, Mill

Der Umstand, dass der Boden allen zu gleichen Teilen gehöre, rechtfertigt Paine zufolge den Anspruch aller auf eine einmalige Geldzuweisung. Eine kontinuierliche Transferleistung sieht dagegen wohl als erster Paines Zeitgenosse, der Lehrer und Anhänger radikaler Ideen Thomas Spence (1750–1814), gerechtfertigt. Seine in London veröffentlichte Streitschrift mit dem Titel *Die Rechte der Kinder* (Spence 1797) beginnt mit einer Kritik an der *Agrarian Justice* von Thomas Paine, weil dieser darin auf der Basis einer grundlegenden Erkenntnis lediglich ein »abscheulich-opportunistisches Kompromissgebäude« errichte. Im Anschluss daran formuliert er einen Vorschlag, den er nach eigenem Bekunden schon seit seiner Jugend vertrete. Demnach solle jede Gemeinde die Nutzungsrechte all ihrer Immobilien meistbietend versteigern. Die dadurch erzielten Einnahmen sowie die Regierungssteuern sollten sodann dazu genutzt werden, die öffentlichen Gemeindeausgaben, darunter auch zum Bau und zur Instandhaltung der Gebäude, zu decken, und der verbleibende Überschuss vierteljährlich zu gleichen Teilen unter allen Einwohnern verteilt werden, um so deren Grundversorgung zu sichern. Der Plan von Spence wird noch in den zwanziger Jahren des 19. Jahrhunderts in den Kreisen der radikalen Sozialreformer Englands diskutiert, gerät dann jedoch in Vergessenheit.

Die Verteilung des Einnahme-Überschusses nach Thomas Spence

»Und was die überschüssigen Einnahmen nach Abzug aller öffentlichen Ausgaben betrifft, so sollen diese gerecht und in gleicher Höhe unter allen lebenden Seelen der Gemeinde verteilt werden, egal ob sie männlichen oder weiblichen Geschlechts, verheiratet oder unverheiratet, ehelich oder unehelich, einen Tag alt oder schon im vorgerücktesten Alter sind. Es soll keinerlei Unterscheidung zwischen den Familien wohlhabender Bauern und Händler [...] und den Familien von Arbeitern und armen Handwerkern gemacht werden [...]. Jedem Familienvorstand wird ein voller und gleicher Anteil für jede unter seinem Dach lebende Person zugewiesen.

Man kann durchaus davon ausgehen, dass sich dieser Überschuss, der jedem einzelnen Gemeindemitglied am ersten Tag jedes dritten Monats ausgezahlt werden sollte, auf zwei Drittel der Pachtzahlungen beläuft. Unabhängig von seiner Höhe ist dieser Anteil an den überschüssigen Einnahmen ein unveräußerliches Recht jedes Menschen in einer zivilisierten Gesellschaft und entspricht den natürlichen Komponenten des allen gemeinsamen Eigentums, die ihnen allerdings vorenthalten bleiben, weil sie zu Zwecken der Landwirtschaft oder der Weiterverarbeitung verpachtet werden.« (Spence 1797: 87).

In Frankreich erklärte etwa zur selben Zeit der exzentrische Vielschreiber Charles Fourier (1772–1837), einer der radikalen, von Marx abfällig als utopischen Sozialisten bezeichneten Visionäre, dass in einer zivilisierten Ordnung jeder Mensch insofern ein Anrecht auf »ein Mindestmaß an lebensnotwendiger Grundversorgung« besitze, als die Grundrechte des freien Jagens, Fischens, Sammelns und Weidens verletzt worden seien. Die Forderung nach einer bedingungslosen Einkommensgarantie findet sich bereits in seiner *Lettre au Grand-Juge* (1803). Sie wird allerdings erst in *La fausse industrie* (1836) genauer ausgeführt. Dabei versteht es sich für Fourier von selbst, dass die Armen für diese Ausgleichszahlung keinerlei Gegenleistung zu liefern haben und dass diese ganz offensichtlich ausschließlich den Armen – in Form von Naturalien – zustehe.

Die Grundversorgung nach Charles Fourier

»Das allererste Recht, das Recht, die Früchte der Natur zu ernten, die Gaben der Natur zu nutzen, die Freiheit zu jagen, zu sammeln, das Weideland zu nutzen, entspricht einem Recht auf Nahrung, dem Recht zu essen, wenn man hungrig ist. In den zivilisierten Gesellschaften stellen die Philosophen dieses Recht in Abrede, Jesus Christus jedoch gewährt es mit folgenden Worten: [...]. Damit bekräftigt Jesus das Recht, sich das Notwendige zu besorgen, wenn man hungrig ist. Und dieses Recht verpflichtet die Gesellschaft dazu, die Grundversorgung des Volkes zu gewährleisten: Da dieses erste Naturrecht – das Recht des Jagens, des Fischens, des Sammelns, des Weidens – in der Zivilisation verloren gegangen ist, muss diese für eine Entschädigung sorgen« (Fourier 1836: 491).

Wenn es bei dem Fourier-Schüler Victor Considérant (1808–1893) heißt, man solle »dem Volk eine Mindestversorgung zugestehen« (Considérant 1845), so scheint dieser damit einen Schritt in Richtung eines allgemeinen Grundeinkommens im engeren Sinne zu vollziehen. Den ersten detaillierten Vorschlag zu einer solchen Leistung macht allerdings auf dem europäischen Kontinent der Fourier nahe stehende Belgier Joseph Charlier (1816–1896). Zu einem Zeitpunkt, da Marx und Engels in Brüssel gerade ihre Arbeit am *Manifest der Kommunistischen Partei* beenden, publiziert Charlier dort eine sehr ehrgeizige *Lösung des Sozialproblems* (Charlier 1848). Ähnlich wie Paine, Spence und Fourier betont Charlier in seinem Werk, dass alle Menschen zur Sicherung ihrer Grundversorgung ein Nutzungsrecht an den von der Vorsehung geschaffenen natürlichen Ressourcen haben. Insofern verstößt in seinen Augen der private Grundbesitz gegen Gerechtigkeitsprinzipien, weswegen der Staat auch langfristig der einzige Eigentümer von Grund und Boden werden sollte. Als Sozialreformer stellt Charlier jedoch die bestehenden Besitzansprüche nicht in Frage und spricht sich vielmehr für ein Übergangsregime aus, das den Grundeigentümern eine »Rente auf Lebenszeit« bewilligt und allen anderen, d.h. der großen Mehrheit, die keinerlei Boden besitzt, ein bedingungsloses »garantiertes Mindesteinkommen«, das vierteljährlich oder auch monatlich ausbezahlt werden solle und das er später (Charlier 1894) als »Bodendividende« bezeichnet. Zur Bestimmung der Höhe dieses »garantierten Mindesteinkommens« schlägt er einen Berechnungsmodus vor, der auf einer Schätzung der Grundrente beruht.

Das garantierte Mindesteinkommen nach Joseph Charlier

Joseph Charlier sieht durchaus die Gefahr, dass sein »garantiertes Mindesteinkommen« als »Einladung zum Nichtstun« missverstanden werden könnte, weil damit die Arbeit nicht länger überlebenswichtig sei. Die Beschränkungen, die sich aus der von ihm angeführten Rechtfertigung ergeben, verringern allerdings dieses Risiko erheblich: »Die Müßiggänger müssen sich dann eben mit dem Lebensnotwendigen zufrieden geben. Die Pflicht der Gesellschaft besteht allein darin, dafür zu sorgen, dass jeder Einzelne in den Genuss jener Elemente kommt, die die Natur ihm zur Verfügung stellt, ohne dass anderen damit geschadet wird« (Charlier 1894: 56).

Die Schriften Joseph Charliers wurden kaum gelesen und gerieten bald in Vergessenheit. Nicht einmal ein Jahr nach Erscheinen seiner *Lösung des Sozialproblems* veröffentlichte ein anderer Bewunderer Fouriers, der englische Ökonom und Philosoph John Stuart Mill (1806–1873), einer der einflussreichsten Denker des 19. Jahrhunderts, seine *Grundzüge der politischen Ökonomie* in zweiter Auflage. Darin setzt er sich ausführlich mit dem System Fouriers auseinander, das »von allen Formen des Sozialismus die am besten ausgearbeitete Variante« darstelle, und interpretiert es unmissverständlich als eine Rechtfertigung dafür, dass jeder, ob arbeitsfähig oder nicht, ein Anrecht auf eine Grundversorgung habe.

Unabhängig von der Traditionslinie, die bei Charles Fourier ihren Ausgang nimmt, taucht der Gedanke, alle hätten gleichermaßen ein Anrecht auf den Gebrauch der natürlichen Ressourcen, in den folgenden Jahrzehnten immer mal wieder auf. Er findet sich beispielsweise in den ersten Abhandlungen des Soziologen Herbert Spencer, im Zusammenhang mit dem Plädoyer des amerikanischen Sozialreformers Henry George zugunsten einer »Einheitssteuer« oder auch in den normativen Schriften eines der Begründer der mathematischen Wirtschaftswissenschaften, des Franzosen Léon Walras (Vallentyne/Steiner 2000a). Zumeist wird diese Idee jedoch nicht so sehr dadurch konkretisiert, dass jeder Einzelne eine Transferleistung in Form einer Barauszahlung bekäme, sondern durch die Finanzierung öffentlicher Ausgaben zugunsten der Gemeinschaft. Bei den »Linkslibertären« (Vallentyne/Steiner 2002b) findet man darüber hinaus einen engen Zusammenhang zwischen dem Eigentum an natürlichen Ressourcen und dem allgemeinen Grundeinkommen (vgl. III.4).

3. Erste Debatten

Von der kämpferischen Parole zur akademischen Anerkennung: England in der Zwischenkriegszeit

Vereinzelte, zumeist kaum wahrgenommene Hinweise in der Fachliteratur machen jedoch noch keine öffentliche Debatte im eigentlichen Sinne aus. Erst 1918 kommt es in Großbritannien im Anschluss an den Ersten Weltkrieg zu einer Episode, die Züge einer solchen Debatte trägt. In *Roads to Freedom* (1918) plädiert und argumentiert der Philosoph, Nobelpreisträger und antikonformistische politische Denker Bertrand Russell (1872–1970) für ein Gesellschaftsmodell, das die Vorteile des Sozialismus und des Anarchismus miteinander verbindet und zudem ein Sozialeinkommen für alle, »ob sie arbeiten oder nicht«, einschließt, mit dem sich die Grundbedürfnisse befriedigen lassen.

Im selben Jahr erscheint ein kurzes Pamphlet des jungen Ingenieurs Dennis Milner (1892–1956) und seiner Frau Mabel mit dem Titel *Scheme for a State Bonus*, in dem diese sich für die Einführung eines bedingungslosen, wöchentlich an alle Einwohner Großbritanniens auszuzahlenden Einkommens aussprechen. Diese »Staatsprämie« (*state bonus*) ist an das Bruttoinlandsprodukt gebunden und soll die Lösung der im Nachkriegs-Europa besonders dringlichen Armenfrage ermöglichen. Jeder Einzelne habe ein moralisches Anrecht auf ein Existenzminimum: Es folgt, dass Arbeit als Voraussetzung ebenso entfällt wie die Vorenthaltung von Leistungen im Falle der Nichterfüllung dieser Voraussetzungen. Über diese Forderung, die in einem wenig später veröffentlichten Buch (Milner 1920) näher ausgeführt und von einer kurzlebigen *State Bonus League* unterstützt wurde, debattierte die britische Labour Party angeregt auf einem Parteitag im Jahre 1920. Letztlich sprach sich die Partei ein Jahr später jedoch dagegen aus, woraufhin Milner sich anderen Betätigungsfeldern zuwandte und schließlich in die Vereinigten Staaten auswanderte.

Kurze Zeit später fürchtet der Engländer Clifford H. (genannt »Major«) Douglas (1879–1952), von Beruf ebenfalls Ingenieur, angesichts der Produktivität der britischen Nachkriegsindustrie die Gefahr einer Überproduktion. Wie sollte nämlich eine nach vier Jahren Krieg verarmte Bevölkerung in reicher Zahl vorhandene Güter konsumieren, während doch die Banken nur zögerlich Kredite bewilligen und die Kaufkraft nur langsam wächst? Um dieses Problem zu lösen, forderte Douglas (1924) in einer Reihe von oft überaus konfusen Konferenzen und Schriften die Einrichtung von Mechanismen zur Bewilligung von »Sozialkrediten«, zu denen u.a. auch eine monatliche »Nationaldividende« für alle Familien zählte (Van Trier 1995). Dieser Sozialkreditbewegung waren unterschiedliche Erfolge beschieden. In Großbritannien konnte sie beispielsweise nie recht Fuß fassen, während sie in Kanada zahlreiche Anhänger fand. Von 1935 bis 1971 regierte dort sogar eine *Social Credit Party*, die allerdings recht bald Abschied von dem Gedanken einer Nationaldividende nahm, die Provinz Alberta.

Parallel dazu stieß diese Idee auch in Intellektuellenkreisen im Umfeld der britischen Labour Party, darunter auch bei dem Ökonomen und ersten Lehrstuhlinhaber für politische Theorie in Oxford, George D.H. Cole (1889–1959), zunehmend auf Zuspruch. In mehreren Veröffentlichungen (Cole 1929; 1935; 1953) trat dieser immer entschiedener für eine – wie er sie als erster nannte – »Sozialdividende« (Cole 1935) ein. In seiner Präsentation von J.S. Mill im Rahmen seiner *History of Socialist Thought* (1953) prägte er zur Bezeichnung des allgemeinen Grundeinkommens offensichtlich auch als erster den englischen Begriff des *basic income*, der sich dann international durchsetzen sollte. Derselbe Begriff findet sich allerdings bereits 1934 auf Niederländisch (*basisinkomen*) bei dem ersten Nobelpreisträger für Wirtschaftswissenschaften (1969), Jan Tinbergen.

Von seiner *Outline of an Economic Policy for a Labour Government* (1935) bis hin zu den Veröffentlichungen aus seinen letzten Lebensjahren (Meade 1989; 1993; 1995), in denen er für eine »Agathotopie« wirbt, in der ein partnerschaftliches Miteinander zwischen Kapital und Arbeit sowie eine staatlich finanzierte Sozialdividende sowohl das Problem der Arbeitslosigkeit als auch die Frage der Armut lösen sollen, spricht sich mit dem Nobelpreisträger James Meade (1907–1995) ein anderer, politisch weniger aktivistischer Oxforder Ökonom, der allerdings höheres wissenschaftliches Ansehen genießt, mit noch größerem Nachdruck für eine »Sozialdividende« aus. Dieselbe, leicht abgewandelte Idee bildete zudem den Kerngedanken des »neuen Gesellschaftsvertrages« der liberalen Politikerin Lady Juliet Rhys-

Williams (1943). Schließlich sollte sich in Großbritannien jedoch der konkurrierende Plan des ebenfalls liberalen Politikers William Beveridge (1942) durchsetzen, der dann auch in anderen Teilen Europas aufgegriffen wurde und das allgemeine Grundeinkommen mehrere Jahrzehnte lang aus der öffentlichen Debatte Großbritanniens verdrängte.

Währenddessen stößt man – wie etwa in Popper Lynkeus' (1912) *Allgemeine[r] Nährpflicht*, in der Umverteilungsbewegung Jacques Duboins (1932) oder der föderalistischen Bewegung eines Alexandre Marc (1972) – auf dem europäischen Kontinent zwar auf Ideen, die einem allgemeinen Grundeinkommen für jeden einzelnen Bürger ähneln. Wie in den Schriften des sozialistischen amerikanischen Romanciers Edward Bellamy (1888) ist diese Forderung jedoch an einen umfangreichen sozialen Pflichtdienst gekoppelt, so dass sie eher mit einem Einheitslohn denn mit einem allgemeinen Grundeinkommen zu vergleichen ist.

Ein kurzes Strohfeuer: Die Vereinigten Staaten in den sechziger Jahren

Eine wirkliche Debatte um das allgemeine Grundeinkommen entbrennt während der gesellschaftlichen Turbulenzen im Amerika der 1960er Jahre, als die Bürgerrechtsbewegung ihren Höhepunkt erreichte. Sie entspringt drei unterschiedlichen Quellen. Zum einen befürwortet der amerikanische Wirtschaftswissenschaftler Milton Friedman in *Kapitalismus und Freiheit* (1962), einem für ein breites Publikum verfassten Buch, das nach und nach zu einem internationalen Bestseller wird, eine radikale Umgestaltung des amerikanischen Sozialstaates durch die Einführung einer »Negativsteuer«. Der Begriff, der ursprünglich auf den französischen Ökonomen Antoine Augustin Cournot (1838) zurückgeht und später von dem britischen Wirtschaftswissenschaftler Abba Lerner (1944) aufgegriffen wurde, bezeichnet bei Friedman ein auszahlbares, pauschales Steuerguthaben im Rahmen einer linearen Einkommensbesteuerung. Eine auszahlbare Steuergutschrift in Höhe einer Summe »G« besteht in einem linearen Steuernachlass bis zur Höhe »G« für alle Steuerzahler, deren Steuerschuld mindestens bei »G« liegt, und für alle anderen in einer

Steuerentlastung und einer Steuertransferleistung in Höhe der Differenz zwischen »G« und der jeweiligen Steuerschuld (vgl. II.4). Friedman zufolge könne damit das undurchdringliche Regelungsdickicht des bestehenden Systems sozialer Sicherung gelichtet werden.

Die Negativsteuer nach Cournot, Lerner und Friedman

1838: »Der Begriff Prämie, eine Erfindung der modernen Zeit, ist das Gegenteil einer Steuer: In der Sprache der Algebra handelt es sich um eine *Negativsteuer*.«
Antoine Augustin Cournot (1801–1877), Begründer der mathematischen Nationalökonomie.

1944: »Die Einführung einer *Negativsteuer* [...] bedeutet, dass die Regierung ihren Bürgern Geld gibt, anstatt es ihnen zu nehmen. Das kann in Form von sozialen Hilfsleistungen, Pensionen, Prämien oder gar in Gestalt einer Sozialdividende geschehen, wenn damit der globale Konsum gesteigert werden soll.«
Abba Lerner (1903–1982), ein George D.H. Cole und James Meade nahe stehender Theoretiker des Marktsozialismus in einem von Milton Friedman 1947 rezensierten Buch.

1962: »Erstens: [...] Das Programm sollte dazu eingerichtet sein, Menschen als Menschen zu helfen und nicht als Mitglieder bestimmter Berufsgruppen [...]. Zweitens sollte das Programm zwar auf dem Markt funktionieren, dabei jedoch soweit irgend möglich den Markt nicht stören und seine Funktionsweise nicht beeinträchtigen. [...] Die Maßnahme, die sich aus rein technischen Gründen anbietet, ist eine negative Einkommensteuer.«
Milton Friedman (1912), neoliberaler Vordenker und Nobelpreisträger (1976).

Darüber hinaus vertritt Robert Theobald (1929–1999), unterstützt von seinem *Ad Hoc Committee on the Triple Revolution*, zu dem sich eine Reihe von mehr oder weniger »alternativen« Intellektuellen zusammengeschlossen hatte, in mehreren Veröffentlichungen (Theobald 1963; 1967) eine etwas weniger präzise Forderung nach einem garantierten Mindesteinkommen. Sie basiert letztlich auf der Überzeugung, dass die Automatisierung der Produktionsprozesse die Erwerbsarbeit langfristig überflüssig mache und dass ein ohne Gegenleistung gewährter, staatlich umverteilter Sozialtransfer für die Aufrechterhaltung des Konsums unerlässlich ist.

Last but not least setzen sich der spätere Nobelpreisträger für Wirtschaftswissenschaften James Tobin (1918–2002) und andere im amerikanischen Sinne liberale (d.h. eher »linksliberale«) Ökonomen in einer Reihe von Beiträgen (angefangen bei Tobin 1965) für die Idee eines garantierten Mindesteinkommens ein, das allgemeiner und großzügiger gefasst ist als die bestehenden Fürsorgeleistungen. In diesem Zusammenhang interessieren sie sich auch für die Negativsteuer, über die Tobin und seine Mitarbeiter die erste technische Analyse vorlegen (Tobin et al. 1967). Im Unterschied zu Milton Friedman geht es ihnen allerdings keineswegs darum, das gesamte System sozialer Transferleistungen durch eine äußerst knapp bemessene Negativsteuer zu ersetzen, um dadurch den Sozialstaat radikal zu vereinfachen und schließlich abzubauen. Vielmehr verfolgen sie damit das Ziel, »das Einkommen der Armen zu verbessern«, »mit der Armut in den Vereinigten Staaten aufzuräumen« oder – wie ein anderer Titel eines Aufsatzes von Tobin lautet – »die wirtschaftliche Stellung der Schwarzen zu verbessern«. Anstatt das garantierte Mindesteinkommen in Form einer auszahlbaren Steuergutschrift zu verwalten, befürwortet Tobin später eine automatische Auszahlung an alle Bürger, d.h. ein allgemeines Grundeinkommen im eigentlichen Sinne, das er *demogrant* nennt, wobei er die Möglichkeit offen lässt, es auf Wunsch auch als Steuernachlass zu bewilligen. Als wichtigster wirtschaftspolitischer Berater des linken Demokraten George McGovern gelang es Tobin sogar, den Präsidentschaftskandidaten für die Wahlen 1972 davon zu überzeugen, den *demogrant* in sein Wahlprogramm aufzunehmen.

Unterdessen hatte die Regierung des republikanischen Präsidenten Richard Nixon eine Variante der Negativsteuer bereits zu einem zentralen Baustein des ehrgeizigen Sozialversicherungsprogramms *Family Assistance Plan* (FAP) gemacht, das der demokratische Senator Daniel Patrick Moynihan ausgearbeitet hatte. Mit dem FAP sollte die auf bedürftige Familien beschränkte Sozialhilfe *(Aid to Families with Dependent Children – AFDC)* abgeschafft und durch ein garantiertes Mindesteinkommen mit Lohnzuschüssen für Arbeiter ersetzt werden. Nixons Plan wurde zwar im April 1970 vom Repräsentantenhaus angenommen. Der Senat jedoch lehnte ihn trotz zahlreicher Veränderungen im Oktober 1972 mit knapper Mehrheit ab (Moynihan 1973).

Vor dem Hintergrund der Wahlschlappe McGoverns gegen Nixon im November 1972, des Watergate-Skandals, der im März 1973 ausbricht, und des Rücktritts Nixons im November 1974 besiegelte diese Niederlage im Senat das Ende des Höhenfluges der Negativsteuer in der Debatte der Vereinigten Staaten (Lenkowsky 1986). In akademischen Kreisen wurde die Diskussion jedoch im Zusammenhang mit groß angelegten Experimenten und einer Kontroverse um deren Ergebnisse fortgeführt (Widerquist 2004). In Kanada, wo die Debatte zum selben Zeitpunkt entbrannt war und unter der Bezeichnung »garantiertes Jahreseinkommen« Varianten der Negativsteuer in offiziellen Berichten von Bund und Provinzen von Anfang der siebziger bis Mitte der achtziger Jahre regelmäßig vorgeschlagen wurden, erwies sich die Diskussion als zählebiger. Auch in Europa flammte kurz eine Debatte über die Negativsteuer auf, die jedoch zumeist lediglich in der Friedmanschen Version rezipiert wurde und sowohl Anhänger (Engels et al. 1973; Stoleru 1974) als auch Gegner (Greffe 1978) fand.

4. Jüngere Entwicklungen

Ein Neuanfang: Europa in den 1980er Jahren

Als Ende der siebziger Jahre die Debatte um den *demogrant* in den Vereinigten Staaten nahezu in Vergessenheit geraten war, entbrennt in Nordeuropa zumeist in völliger Unkenntnis der zurückliegenden Entwicklungen eine Debatte über das allgemeine Grundeinkommen. In Dänemark etwa setzen sich drei Intellektuelle in einem nationalen Bestseller, der später mit dem Titel *Revolt from the Center* (Meyer et al. 1978) ins Englische übersetzt wurde, für einen solchen Vorschlag unter der Bezeichnung »Bürgerlohn« ein.

Vor allem aber in den Niederlanden entwickelt sich eine kontroverse Debatte über das allgemeine Grundeinkommen. Bereits 1975 wirbt J.P. Kuiper, Professor für Sozialmedizin an der Universität Amsterdam, für eine Trennung von Beschäftigung und Einkommen. Damit möchte er der Lohnerwerbsarbeit ihren entmenschlichenden Charakter nehmen, da sich der Mensch nur mit einer angemessenen »Einkommensgarantie« unabhängig und autonom entfalten könne (Kuiper 1976). 1977 nimmt die kleine Radikale Partei (*Politieke Partij Radicalen*) als erste politische, im Parlament vertretene Formation

Europas das allgemeine Grundeinkommen (bzw. *basisinkomen*) offiziell in ihr Wahlprogramm auf, wodurch die Diskussion auf die politische Arena der Niederlande überspringt. Diese Entwicklung erhält bald darauf eine zusätzliche Dynamik, als sich die Lebensmittelgewerkschaft *Voedingsbond FNV* in die Debatte einschaltet. Durch eine Reihe von Publikationen und Aktionen wirbt sie für ein allgemeines Grundeinkommen sowie für eine drastische Verkürzung der Arbeitszeit und bietet beispielsweise auch dem niederländischen Verein für ein allgemeines Grundeinkommen in ihren Verbandsräumen Platz. Damit spielt diese Gewerkschaft in den achtziger Jahren eine zentrale Rolle für die Debatte in den Niederlanden.

1985 erreicht die Diskussion in den Niederlanden ihren ersten Höhepunkt, als der angesehene *Wissenschaftliche Beirat für Regierungspolitik* (WRR) in einem Bericht die Einführung eines »partiellen Basiseinkommens« empfiehlt, d.h. ein allgemeines Grundeinkommen, das zur Deckung der Grundbedürfnisse eines Individuums jedoch nicht ausreicht und insofern auch nicht völlig das bestehende System des garantierten Mindesteinkommens ersetzen kann (WRR 1985) (vgl. IV.3).

Parallel dazu nimmt die Debatte langsam auch in anderen Ländern – allerdings in einem geringeren Umfang – Gestalt an. In Großbritannien wird 1984 in London unter der Ägide des *National Council for Voluntary Organisations* die *Basic Income Research Group* (BIRG) gegründet, die sich 1998 in *Citizen's Income Trust* umbenennt. In Deutschland löst ein von dem Berliner Ökolibertären Thomas Schmid (1984) herausgegebener Sammelband mit dem Titel *Befreiung von falscher Arbeit* eine Debatte aus. Dieser Vorstoß wird bald von mehreren anderen Sammelbänden aus dem Umfeld der Ökobewegung aufgegriffen (Opielka/Vobruba 1986; Opielka/Ostner 1987). Gleichzeitig beginnt Joachim Mitschke (1985), Professor für Volkswirtschaft an der Universität Frankfurt, seine lange Kampagne für ein *Bürgergeld* in Form einer Negativsteuer, während andere angesehene Wissenschaftler wie der den Grünen nahe stehende Claus Offe (1992; 1996) oder auch Fritz Scharpf (1993) im Umfeld der SPD die Bedeutung dieser Idee unterstreichen.

In Frankreich werben bekannte Intellektuelle für diese Maßnahme. Der Soziologe und Philosoph André Gorz, der ursprünglich eine den Vorstellungen Edward Bellamys und der Distributionisten ähnelnde Variante befürwortet hatte, d.h. ein allgemeines Grundeinkommen als Gegenleistung zu einem allgemeinen Sozialdienst in Höhe von 20.000 Stunden (Gorz 1985), tritt nach und nach für ein allgemeines Grundeinkommen im eigentlichen Sinne ein (Gorz 1997). Der Philosoph Jean-Marc Ferry wiederum entwickelt sein Plädoyer für ein allgemeines Grundeinkommen im Rahmen seiner Reflexion über Gesellschaftsvertrag und europäische Staatsbürgerschaft (Ferry 1995; 2000). In Anbetracht der Tatsache, dass eine Vollbeschäftigung im herkömmlichen Sinne nicht mehr erreichbar ist, soll durch ein substanzielles Basiseinkommen ein »vierter« Sektor gesellschaftlich nützlicher Aktivitäten entstehen. Zwei Gruppen, die Vereinigung für die Einführung einer Grundversorgung (AIRE – *Association pour l'instauration d'un revenu d'existence*) und die Antiutilitaristische Bewegung in den Sozialwissenschaften (MAUSS – *Mouvement anti-utilitariste dans les sciences sociales*), beteiligen sich ebenfalls aktiv an dieser Debatte.

Die Debatte in Frankreich: AIRE versus MAUSS

Die *Association pour l'instauration d'un revenu d'existence* (AIRE), die anfänglich von Henri Guitton (1904–1992), Mitglied der *Académie française*, geleitet wurde, ist 1989 auf Betreiben Yoland Bressons, Professor für Volkswirtschaft an der Universität Paris XII, entstanden. Seit seinem Buch *L'après-salariat* (1984) fordert Bresson ein bedingungsloses Mindesteinkommen, das jedem Bürger einer Nation in bescheidener Höhe (2005: rund 250 Euro) zustehe, mit steigender Produktivität wachse und sich objektiv über das Konzept des »Zeitwertes« bemessen lasse. In den meisten seiner Folgeschriften argumentiert Bresson weniger esoterisch – Übergang von einer Gesellschaft mit Vollbeschäftigung zu einer Gesellschaft mit »Vollbetätigung«, »Zwei-Klassen-Gesellschaft« – zugunsten eines Existenzgeldes (*revenu d'existence)*, wie er es im Gefolge Guittons nunmehr nennt. Auf seine Arbeiten geht letztlich auch der Vorschlag der »allgemeinen Dividende« der französischen Abgeordneten Christine Boutin (2003; vgl. IV.2) zurück.

Der *Mouvement anti-utilitariste dans les sciences sociales* (MAUSS), der 1981 auf Initiative Alain Caillés, Professor für Soziologie in Caen und später in Nanterre, gegründet wurde, will mit seinem Ansatz die Vorherrschaft der ökonomischen (utilitaristisch genannten) Methode in Frage stellen und analysiert soziale Phänomene als Gabe und Gegengabe. Schon bald interessiert sich die Bewegung für die Idee eines allgemeinen Grundeinkommens. In einer Sonderausgabe der gleichnamigen Zeitschrift (*Du revenu social: au–delà de l'aide, la citoyenneté?*, 1987) berichtet und verstärkt sie zuerst die in Belgien durch das *Collectif Charles Fourier* angeregte Debatte und publiziert sodann ein weiteres Sonderheft, in dem eine Reihe bisher unveröffentlichter Beiträge – darunter auch zur praktischen Umsetzung dieser Maßnahme – zusammengetragen wurde und die bis heute noch den gehaltvollsten Beitrag zur Debatte in Frankreich darstellt (*Vers un revenu minimum inconditionnel*, 1996). Darüber hinaus hat MAUSS auch eine gut dokumentierte Monographie herausgegeben, die die politische Sozialgeschichte der Einkommensgarantie in Frankreich nachzeichnet (Geoffroy 2002). Alain Caillé selbst hat diesem Thema mehrere Essays gewidmet (Caillé 1994; Caillé/Insel 1996), in denen er vorschlägt, die französische Entsprechung der Sozialhilfe, das Wiedereingliederungsgeld RMI, durch ein bedingungsloses Bürgergeld zu ersetzen. Dieses Bürgergeld solle als »ein grundlegender und zentraler Vertrauensvorschuss von Seiten des Staates und der Gesellschaft gegenüber den gesellschaftlich Ausgegrenzten verstanden werden, ein Vertrauensvorschuss hinsichtlich ihrer Freiheit und ihres freiwilligen Engagements im Sinne des Gemeinwohls« (Caillé/Insel 1996: 165).

Eine unerwartete Dynamik: Das Basic Income Earth Network

Im Zuge der Gründung des *Basic Income European Network* trafen diese verschiedenen, weitgehend unbeachtet und unabhängig voneinander verlaufenden Strömungen sowie die mehr oder weniger unbekannten Autoren, die mit der Geschichte dieses Gedankens oftmals nicht sonderlich vertraut waren, erstmals aufeinander. Unter dem Pseudonym *Collectif Charles Fourier* hatte eine Gruppe von Forschern und Gewerkschaftern aus dem Umkreis der Universität Leuwen im März 1984 ein Reformprojekt mit dem Titel »allgemeines Grundeinkommen« bei einem Wettbewerb zum Thema der Zukunft der Arbeit vorgelegt, der in Belgien von der *König-Baudouin-Stiftung* ausgeschrieben worden war. Im Oktober 1984 wurde das Projekt ausgezeichnet. Dadurch konnte das *Collectif Charles Fourier* im September 1986 einige derer auf ein Kolloquium nach Louvain-la-Neuve einladen, die zu Anfang die Diskussion um das allgemeine Grundeinkommen in ihren jeweiligen Ländern besonderes engagiert geführt hatten. Die Überraschung der Teilnehmer war groß, als sie entdeckten, wie stark das Interesse an einer Idee war, von der sie glaubten, sie stünden damit nahezu allein auf weiter Flur. Schließlich wurde beschlossen das *Basic Income European Network* (BIEN) zu gründen, das regelmäßig einen Informationsbrief versendet und alle zwei Jahre einen Kongress organisiert.

Das allgemeine Grundeinkommen aus Sicht des *Collectif Charles Fourier*

»Streichen Sie Arbeitslosengeld, gesetzliche Rentenversicherung, bestehende Sozialleistungen und garantierte Mindestlöhne, Kindergeld, Steuererleichterungen und -pauschalen für häusliche Pflegeleistungen, Stipendien, Beschäftigungsanreize, staatliche Subventionen für marode Unternehmen und überweisen Sie jedem Bürger jeden Monat eine zur Deckung der Grundbedürfnisse einer einzelnen Person hinreichende Summe, ob sie nun arbeitet oder nicht, ob sie arm ist oder reich, ob sie alleine lebt, Familie hat, mit einem Lebenspartner zusammenlebt oder verheiratet ist, ob sie früher gearbeitet hat oder nicht ... Tun Sie all dies und beobachten Sie dann, was passiert« (*Collectif Charles Fourier* 1985: 345).

Der vollständige Text findet sich auf: http://www.etes.ucl.ac.be.

Die Einrichtung ähnlicher Netzwerke in den Vereinigten Staaten, in Südamerika und Südafrika, die immer enger werdenden Kontakte zu bereits bestehenden Netzwerken in Australien und Neuseeland sowie die wachsende Zahl von nicht-europäischen Kongressteilnehmern haben letztlich dazu geführt, dass BIEN auf seinem zehnten Kongress in Barcelona im September 2004 seine Umwandlung in eine weltweite Organisation beschloss. Es verfolgt nunmehr seine Aktivitäten unter dem Banner *Basic Income Earth Network* und der gemeinsamen Präsidentschaft des Wirtschaftswissenschaftlers und Mitarbeiters der Internationalen Arbeitsorganisation (IAO) Guy Standing und des brasilianischen Senators Eduardo Suplicy.

Diskret, aber konkret: Das Beispiel Alaska

Und doch: Das einzig wirkliche, derzeit bestehende System eines allgemeinen Grundeinkommens wurde abseits all dieser Debatten auf- und ausgebaut. Mitte der siebziger Jahre sorgte sich der republikanische Gouverneur des Staates Alaska (Vereinigte Staaten), Jay Hammond, darum, wie der immense Reichtum, der durch die Erdölförderung in der Prudhoe Bay, wo die größten Erdölvorkommen Nordamerikas lagern, gewonnen wurde, möglichst ausschließlich der einheimischen Bevölkerung zugute kommen könne. Daher sein Vorschlag zur Einrichtung eines Fonds, um über die Anlage eines Teils der Einnahmen aus der Erdölförderung diesen Reichtum auch für die Zukunft zu sichern. So wurde im Jahre 1976 der *Alaska Permanent Fund* durch eine Änderung der Staatsverfassung ins Leben gerufen. Damit die Bevölkerung Alaskas ein Interesse an Bestand und Wachstum dieses Fonds habe, kam Gouverneur Hammond auf den Gedanken, jedem Staatsbewohner entsprechend der Zahl der in Alaska verbrachten Jahre eine jährliche Dividende auszuzahlen. Das Verfassungsgericht der Vereinigten Staaten, vor dem dieser Vorschlag aufgrund der Diskriminierung von Einwanderern aus anderen Staaten verhandelt wurde, erklärte diese Maßnahme jedoch als einen Verstoß gegen die »equal protection of the laws« des 14. Zusatzartikels (Amendment) der Bundesverfassung. Im Zuge der dadurch notwendig gewordenen Veränderung wurde sie dann zu einem allgemeinen Grundeinkommen im eigentlichen Sinne umgewandelt (*Alaska Permanent Fund Corporation*, 1988).

Seit Beginn der Laufzeit im Jahre 1982 beziehen alle Bürger, die sich seit mindestens sechs Monaten legal in Alaska aufhalten (heute rund 650.000 Personen), unabhängig von ihrem Alter bzw. ihrer Residenzzeit in dem Staat jährlich eine Dividende in gleicher Höhe. Diese Dividende entspricht einem Teil des in den zurückliegenden fünf Jahren durchschnittlich erzielten Ertrags des ständigen Fonds, der mit den Einnahmen der Erdölgewinnung angelegt wurde. Dieser Fonds, der anfänglich ausschließlich in die Wirtschaft des Staates Alaska investiert wurde, hat sich im Laufe der Zeit zu einem international diversifizierten Portfolio entwickelt. Der Betrag der Dividende ermöglichte es somit, die Schwankungen der lokalen Konjunktur abzufedern, anstatt sie zu verstärken (Goldsmith 2004). In den ersten Jahren betrug die Dividende etwa 300 Dollar pro Jahr und Person und erreichte im Jahre 2000 mehr als 2000 Dollar, was Alaska zum egalitärsten Staat der USA machte. Als Folge der Börsenfluktuationen sank der Betrag im Jahre 2004 jedoch wieder auf 920 Dollar. Obwohl diese Maßnahme bisweilen auch in anderen Regionen angeregt wurde (vgl. IV.4), blieb sie bisher allein auf Alaska beschränkt.

II. Eine Vielfältige Idee?

Nach dieser kurzen Darstellung der Geschichte sowie der Vorgeschichte der Idee des allgemeinen Grundeinkommens und ihrer Verbreitung sollte dessen Definition noch einmal aufmerksam in Augenschein genommen werden, um seine Charakteristika möglichst genau zu bestimmen und die verschiedenen Varianten zu untersuchen. Nach unserer eingangs gegebenen Definition handelt es sich bei dem allgemeinen Grundeinkommen um *ein Einkommen, das von einem politischen Gemeinwesen an alle seine Mitglieder individuell, ohne Bedürftigkeitsprüfung und ohne Gegenleistung ausgezahlt wird.*

1. Ein Einkommen, …

Auszahlungsmodalitäten: Als Geld- oder als Sachleistung?

Bei dem allgemeinen Grundeinkommen handelt es sich – wie der Name schon sagt – um ein Einkommen. Gewöhnlich werden derartige Transferleistungen heute in bar ausgezahlt, aber sie lassen sich natürlich auch in Form von Gütern ausbezahlen, zum Beispiel durch die regelmäßige und kostenlose Lieferung von Wasser, Lebensmitteln und Kleidung sowie die Nutzung eines Stücks Erde oder einer Wohnung. Eine allgemeine Grundversorgung in Form von Gütern, die aus anderen Quellen ergänzt werden kann, wurde beispielsweise von dem libertären amerikanischen Schriftsteller Paul Goodman (1947) in Verbindung mit einem sechs- bis siebenjährigen Zivildienst vorgeschlagen. Sie entspricht in etwa den Leistungen, die das Rote Kreuz mit finanzieller Unterstützung der Europäischen Kommission und der Vereinten Nationen den 150.000 nach Algerien geflüchteten Bewohnern der Westsahara zur Verfügung stellt.

Vorstellbar wäre ebenfalls, dass das Grundeinkommen in Form einer spezifischen Währung ausbezahlt wird, die nur begrenzt nutzbar ist (z.B. Lebensmittelgutscheine) oder die – wie es Jacques Duboin (1998) vorschwebt – zwar zu Konsumptionszwecken innerhalb eines bestimmten Zeitraumes ausgegeben werden, nicht jedoch als Sparguthaben dienen kann.

Wie die Leistungen der herkömmlichen Formen eines garantierten Mindesteinkommens, die unter bestimmten Bedingungen bewilligt werden, wird das allgemeine Grundeinkommen üblicherweise jedoch als eine Geldleistung konzipiert, die keinerlei Beschränkung hinsichtlich ihrer Nutzungsart bzw. -dauer unterliegt und jedem die Möglichkeit bietet, frei darüber zu befinden. Parallel dazu können die allgemeinen Güterleistungen, wie etwa das kostenlose Bildungssystem bzw. das Krankenversicherungssystem (unabhängig davon, ob die medizinischen Pflegeleistungen nun kostenlos sind oder nicht) oder die kostenfreie Nutzung anderer öffentlicher Dienste, durchaus aufrechterhalten, ja sogar ausgebaut werden. Prinzipiell wäre es natürlich auch möglich, für diese allgemeinen Güterleistungen eine finanzielle Entschädigung zu verlangen und gleichzeitig das Grundeinkommen anzuheben. Dabei handelt es sich jedoch entgegen einer bisweilen anzutreffenden Interpretation (Sennett 2003) nicht um ein konstitutives Merkmal des Grundeinkommens. Zumeist sehen dessen Fürsprecher darin weniger einen Ersatz als eine Ergänzung zu den allgemeinen Dienstleistungen.

Auszahlungsrhythmus: Einmalig oder regelmäßig?

Der Begriff des Einkommens beinhaltet einen sich wiederholenden, fließenden Leistungstransfer, wobei die Abstände zwischen den einzelnen Auszahlungen mehr oder weniger lang sein können. Ein Grenzfall, der im Grunde aus dem Rahmen des allgemeinen Grundeinkommens fällt, wäre eine allen zustehende Erstausstattung, die zum Beispiel – wie bei Paine bzw. Ackerman und Alstott (vgl. I.2) – beim Eintritt ins Erwachsenenalter auf einen Schlag ausgezahlt oder bei der Geburt auf ein Sperrkonto überwiesen wird, über das man erst mit seiner Volljährigkeit frei verfügen kann. Für einen derartigen *baby bond*, der im Jahre 2003 in Großbritannien in einer sehr bescheidenen Höhe von 400 Euro eingerichtet wurde, wirbt etwa Julian Le Grand (2003).

Anders als dieses allen zustehende Startkapital wird das eigentliche Grundeinkommen in regelmäßigen Abständen, entweder vierteljährlich wie bei Charlier (1848), wöchentlich wie bei Milner (1918), jährlich wie in Alaska seit 1982 oder monatlich wie in den meisten gegenwärtig gemachten Vorschlägen ausgezahlt. Natürlich könnte eine einmalige Auszahlung auch in ein Grundeinkommen umgewandelt werden. Dazu muss diese nur so angelegt werden, dass regelmäßig eine Dividende mit jeweils identischem Wert abfällt. Umgekehrt wäre etwa auch vorstellbar, ein allgemeines Grundeinkommen mit einer Hypothek zu belasten, damit so eine entsprechende einmalige Auszahlung verfügbar wird.

Das ändert jedoch nichts an der Tatsache, dass erhebliche Unterschiede zwischen einer einmaligen Zuteilung bzw. einem Startkapital für alle und einem allgemeinen Grundeinkommen bestehen. Zunächst ist festzustellen, dass die genaue Höhe der regelmäßig auszuzahlenden Beträge, in die sich eine einmalige Zuteilung umrechnen lässt, durch die Lebenserwartung der Betroffenen bestimmt wird. Denn die einmalige Zuteilung ist ein festgelegter, für jeden gleich hoher Betrag, der auf die gesamte Lebenszeit gleichmäßig verteilt würde. Je höher also die Lebenserwartung ist, desto geringer sind die einzelnen Auszahlbeträge. Insofern wäre ein Grundeinkommen, das keinen maximalen Gesamtbetrag pro Person festlegt, unabhängig vom Auszahlungsrhythmus beispielsweise für Frauen günstiger, weil sie im Durchschnitt eine höhere Lebenserwartung haben als Männer.

Da es darüber hinaus – auch in Bezug auf die bestehenden Gesetzgebungen im Bereich der Entgeltersatzleistungen – nur konsequent wäre, die künftigen Geldströme des allgemeinen Grundeinkommens als unverpfändbar zu erklären, hätte derjenige, der eine einmalige Zuteilung erhält, im Moment der Auszahlung einen größeren Handlungsspielraum als wenn er bis zu seinem Lebensende regelmäßig einen Betrag in derselben Höhe erhalten würde. Insbesondere besteht die Gefahr, dass eine einmalige Auszahlung in vollem

Umfang in ein aussichtsloses Projekt investiert oder durch den Erwerb kostspieliger Gebrauchsgüter verschwendet wird. Aus diesen und ähnlichen Gründen befürworten die Fürsprecher eines allgemeinen Grundeinkommens gewöhnlich einen relativ kurzen, eher monatlichen als jährlichen Auszahlungsrhythmus, während die Anhänger einer einmaligen Zuteilung diese oft durch ein Grundeinkommen ergänzen, das von einem bestimmten Alter an – bei Paine (1796) ab 50 und bei Ackerman/Alstott (1999) ab 65 Jahren – regelmäßig ausgezahlt wird.

Auszahlungshöhe: Mehr oder weniger als die Armutsschwelle?

Die Definition des Grundeinkommens besagt in keiner Weise, dass die Leistungshöhe zur Deckung der Grundbedürfnisse einer Einzelperson ausreichen oder sich darauf beschränken müsse. Vielen Vorschlägen dient jedoch die Armutsschwelle als Bezugs- bzw. langfristiger Fixpunkt. Bekanntlich ist allerdings die genaue Bestimmung des Einkommensniveaus, das dieser Armutsschwelle entspricht, umstritten. Folgt man der Europäischen Union, so liegt sie bei 60 Prozent des nationalen Durchschnittseinkommens, d.h. bei etwa 750 Euro monatlich für eine einzelne Person in einem Land wie Frankreich. Aus Gründen, die vor allem mit der streng individuellen Auszahlung des Grundeinkommens zu tun haben (vgl. III.1), gehen die Vorschläge, die eine unmittelbare Umsetzung im Blick haben, im Allgemeinen von einem deutlich niedrigeren Betrag aus, der sich für ein Land wie Frankreich zwischen 200 und 500 Euro pro Person und Monat bewegt.

Bei der Bewertung der Vorteile, die sich aus einem allgemeinen Grundeinkommen ergeben, sollte man seinen Blick jedoch nicht ausschließlich auf die Höhe des ausgezahlten Betrages richten. Es genügt nicht, allein der zeitlichen Dimension – Sofortmaßnahme oder langfristiges Ziel – und dem Lebensniveau der betroffenen Bevölkerung Rechnung zu tragen. Genauso wichtig ist es, die Veränderungen des Steuersystems und der bestehenden Sozialleistungen, die aus den jeweiligen Vorschlägen resultieren, genau zu berücksichtigen. Man denke zum Beispiel an folgende Möglichkeiten: Entweder werden alle nicht versicherungsbasierten, steuerfinanzierten und zumeist bedürftigkeitsgeprüften Transferleistungen (Sozialhilfe, Kindergeld, Mindestrente usw.) gestrichen, um mit den freiwerdenden Mitteln ein Grundeinkommen in Höhe von 300 Euro zu finanzieren, oder ein Grundeinkommen in Höhe von 200 Euro wird, finanziert über einen progressiven Steuersatz, zusätzlich zu diesen Transferleistungen ausgezahlt. Kein ernst zu nehmender Vorschlag zur Einführung eines allgemeinen Grundeinkommens würde eine so extreme Form annehmen. Ihr Vergleich allein zeigt jedoch, wie absurd es ist, sich ausschließlich auf die Höhe des ausgezahlten Betrages zu konzentrieren. Je nach den Finanzierungsmodalitäten und den dazu gehörigen Begleitmaßnahmen kann ein geringeres Grundeinkommen die Situation der ärmsten Bevölkerungsschichten spürbar verbessern, während ein höher bemessenes Basiseinkommen deren Lage verschlimmern kann.

2. …, das von einem politischen Gemeinwesen …

Auszahlungsebene: Kommunal oder global?

Ein allgemeines Grundeinkommen wird *per definitionem* von einer politischen Gemeinschaft ausgezahlt und folglich auch aus Einnahmen finanziert, die der öffentlichen Kontrolle unterliegen. Insofern betreffen die meisten Modelle den Nationalstaat, der bei der Einkommensverteilung stets der wichtigste Akteur ist. Die verschiedenen Ausdrücke zur Bezeichnung des Grundeinkommens wie »state bonus«, »national dividend«, »Bürgergeld«, »Reddito di cittadinanza« verweisen deshalb unmittelbar auf eine nationalstaatlich verfasste politische Gemeinschaft.

Das bedeutet allerdings nicht, dass das Grundeinkommen nicht auch von einer subnationalen politischen Gemeinschaft finanziert werden könnte, beispielsweise auf regionaler oder auch kommunaler Ebene. Sieht man von Brasilien ab, wo das 2004 verabschiedete Gesetz die schrittweise Einführung des Grundeinkommens an haushaltspolitische Bedingungen knüpft, die wohl erst in ferner Zukunft erfüllt sein werden, so wurde ein Grundeinkommen bisher lediglich in dem US-Bundesstaat Alaska eingeführt, d.h. von einer subnationalen politischen Einheit (vgl. I.4). Als in Katalonien (Spanien) die Regierung des Sozialisten Pasqual Maragall im Jahre 2003 die Amtsgeschäfte übernahm, hat sie auch die Prüfung der Machbarkeit des Grundeinkommens in der autonomen Region in ihr Programm aufgenommen. Im März 2004 haben zwei Parteien der Regierungskoalition, *Iniciativa per Catalunya-Verds* und *Esquerra Republicana de Catalunya*, einen entsprechenden Gesetzesvorschlag im katalanischen Parlament eingereicht.

Vorstellbar wäre allerdings auch ein allgemeines Grundeinkommen unter der Federführung einer supranationalen politischen Einheit. So sieht Jean-Marc Ferry (1995; 2000) darin einen zentralen Baustein einer EU-Bürgerschaft, während Genet/Van Parijs (1992) und Van Parijs/Vanderborght (2001) verschiedene Möglichkeiten der Einführung eines Grundeinkommens auf dieser Ebene untersuchen (vg. IV.4). Mit einer noch kühneren Zielsetzung hat der niederländische Künstler Peter Kooistra eine Stiftung gegründet, die für ein universelles, von der UNO finanziertes Grundeinkommen wirbt. Dieser Gedanke eines globalen Basiseinkommens wurde von dem belgischen Journalisten und Globalisierungskritiker Dirk Barrez (1999) sowie von dem kanadischen Wirtschaftswissenschaftler Myron Frankman (1999; 2004) aufgegriffen. Beide argumentieren, dass selbst ein äußerst bescheidener Betrag eine große Wirkung auf die Armut haben würde. Allerdings braucht das allgemeine Grundeinkommen – genau wie das allgemeine Wahlrecht – nicht unbedingt universell zu gelten, um seinem Namen Ehre zu machen.

Finanzierungsmodus: Redistributiv oder distributiv?

Es liegt in der Natur der Sache, dass das allgemeine Grundeinkommen von der öffentlichen Hand finanziert wird. Fraglich ist nur, auf welchem Wege dies geschieht. Prinzipiell könnte ein Grundeinkommen – wie die meisten anderen öffentlichen Ausgaben auch – über die allgemeinen Haushaltsmittel und die verschiedenen Staatseinnahmen (direkte und indirekte Steuern, Gewinne der staatlichen Unternehmen usw.) finanziert werden. Die meisten im Detail ausgearbeiteten Pläne zur Umsetzung dieser Maßnahme (Parker 1989;

Reynolds/Healy 1995; Gilain/Van Parijs 1996) gehen von einer Reform der Einkommensteuer für natürliche Personen aus, wobei durch die Einrichtung eines Grundeinkommens eine Reihe von Steuernachlässen und Abschreibungsmöglichkeiten wegfallen würden.

In manchen Modellen ist jedoch zur Finanzierung des Grundeinkommens eine Sondersteuer vorgesehen. Nach dem »Ulmer Modell« von Helmut Pelzer (1996) werden dazu die gesamten Einnahmen einer proportionalen »Bürgergeldabgabe« genutzt, die das Bruttoeinkommen auf einer viel breiteren Basis besteuert als die Steuer für natürliche Personen.

Die Einkommensteuer ist nicht die einzige steuerliche Finanzierungsmöglichkeit. Der belgische Geschäftsmann Roland Duchâtelet (1994) hat, mit Unterstützung der von ihm gegründeten Partei (vgl. IV.2), ein Modell entwickelt, dem zufolge die Einführung eines Grundeinkommens über eine deutliche Erhöhung der Mehrwertsteuer finanziert werden soll, während der Steuersatz für natürliche Personen stark gesenkt würde. Um die verteilungspolitisch regressive Wirkung abzumildern, könnte die Mehrwertsteuer nach Güterkategorien variiert werden. Andere wiederum schlagen Finanzierungsmodalitäten vor, die zumindest teilweise auf einer Öko-, insbesondere auf einer Energiesteuer (Robertson 1989; Genet/Van Parijs 1992) oder gar auf einer »Tobin-Steuer« beruhen, mit der sich die spekulativen Kapitalbewegungen besteuern ließen (Bresson 1999).

Im Anschluss an Thomas Paine (1796), Joseph Charlier (1848) und Henry George (1879) setzen mehrere Autoren gegenwärtig jedoch eher auf eine Grundsteuer (Steiner 1992; 1994; Robertson 1998) oder ganz allgemein auf die Besteuerung der Nutzung natürlicher Ressourcen, darunter etwa auch der Absorptionsfähigkeit der Atmosphäre für umweltschädliche Emissionen (Davidson 1995). In ihren Augen handelt es sich dabei nicht mehr um ein steuerliches Umverteilungssystem im eigentlichen Sinne, sondern um eine *Distribution* eines Entgelts, die für die Nutzung einer Ressource erhoben wird – nämlich der Erde, die (moralisch gesehen) Eigentum aller ist. Ein so verstandenes Grundeinkommen, das über eine Besteuerung der Umweltnutzung finanziert würde, ähnelt von seiner ganzen Anlage her der Dividende, auf die alle Einwohner Alaskas durch die Einnahmen aus der Erdölförderung Anspruch haben. Damit vergleichbar, nur

Das über die Einkommensteuer finanzierte, allgemeine Grundeinkommen

Graphik 1

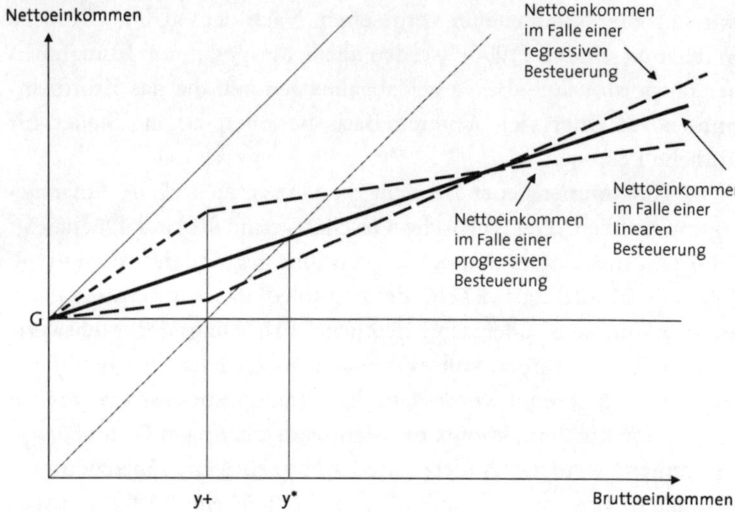

Brutto- und Nettoeinkommen. Die horizontale Achse zeigt das unbesteuerte Bruttoeinkommen ohne Transferleistungen. Der Punkt G auf der vertikalen Achse stellt die Höhe des Grundeinkommens dar, das jedem Bürger ungeachtet seines Bruttoeinkommens zusteht. Die Winkelhalbierende zeigt das Nettoeinkommen, wenn der Steuersatz Null wäre und es damit auch kein Grundeinkommen gäbe: Netto- und Bruttoeinkommen wären dann identisch. Die zweite unterbrochene Gerade, die bei G ihren Ausgang nimmt, repräsentiert das Bruttoeinkommen bei gleichzeitig ausgezahltem Grundeinkommen. Die fett gedruckte Gerade zeigt das Profil der Nettoeinkommensentwicklung bei einer linearen Besteuerung von 50 Prozent und gleichzeitigem Grundeinkommen, das durch diese Steueraufkommen finanziert würde.

Nettozahler und Nettoempfänger. Der Schwellenwert y*, auch als Gewinnschwelle bezeichnet (*break even point*), entspricht dem Schnittpunkt dieser Geraden mit der Winkelhalbierenden. Dieser Wert liegt zwangsläufig über dem garantierten Mindesteinkommen y+ (=G). All jene, deren Bruttoeinkommen den Schwellenwert y* überschreitet, beteiligen sich also an der Finanzierung des Grundeinkommens. Dieses Grundeinkommen ist niedriger als ihre Steuerschuld und ihr Nettoeinkommen fällt somit geringer aus als das Bruttoeinkommen. Das Gegenteil ist der Fall für all jene, deren Bruttoeinkommen unter y* liegt. All diesen Personen kommt diese Maßnahme also netto zugute.

Zusätzliche öffentliche Ausgaben. Die vorliegende Graphik geht davon aus, dass der Staat neben der Finanzierung des allgemeinen Grundeinkommens keine weiteren Ausgaben hat. Bei zusätzlichen Ausgaben sinkt der verfügbare Betrag des Grundeinkommens bei gleich bleibendem Steuersatz bzw. der Steuersatz wird angehoben, wenn die Höhe des Grundeinkommens stabil bleibt. In beiden Fällen verschiebt sich der Schwellenwert y* nach links. Das bedeutet, dass man nur bei einem Einkommensniveau unterhalb y* zu den Nettoempfängern gehört.

Progressive und regressive Besteuerung. Die Einkommensteuer zur Finanzierung eines Grundeinkommens muss jedoch nicht unbedingt linear sein. Bei einer progressiven bzw. regressiven Einkommensteuer werden die höheren Einkommen stärker bzw. weniger stark belastet. In diesem Fall ist die fett gedruckte Gerade (lineare Besteuerung) bei einer progressiven Besteuerung (die Besserverdiener leisten nicht nur absolut, sondern auch relativ einen größeren Finanzierungsbeitrag) durch eine *konkav verlaufende Linie (obere gestrichelte Linie)* und bei einer regressiven Besteuerung (die besser Verdienenden leisten proportional einen geringeren Beitrag als die niedrigeren Einkommensschichten) durch eine *konvex verlaufende Linie (untere gestrichelte Linie)* zu ersetzen. Die gestrichelte Linie der Graphik veranschaulicht den Sonderfall, bei dem der Grenzsteuersatz von dem Punkt an steigt, wo das Bruttoeinkommen die Höhe des garantierten Mindesteinkommens erreicht (»y+«=»G«) (progressive Besteuerung). Die untere gestrichelte Linie der Graphik zeigt den Sonderfall, bei dem der Grenzsteuersatz von dem Punkt an sinkt, wo das Bruttoeinkommen die Höhe des garantierten Mindesteinkommens erreicht (»y+«=»G«) (regressive Besteuerung).

radikaler, ist die »Sozialdividende«, die in der »agathotopischen« Gesellschaft James Meades (1989) allen Bürgern zusteht. Diese Sozialdividende entspricht dem Anteil jedes Einzelnen an den Gewinnen, die durch das Produktivkapital erzeugt werden, bei dem es sich Meade zufolge lediglich um privat verwaltetes gesellschaftliches Eigentum handelt.

Dass das Grundeinkommen eher über ein distributives (Vermehrung der Gesamtliquidität) als ein redistributives System (Umverteilung) finanziert werden könne und solle, ist ebenfalls ein wiederkehrendes Thema bei den Befürwortern einer Reform der Geldschöpfung. Das gilt beispielsweise für die Sozialkreditbewegung von Major Douglas (1924) wie für die Bewegung für eine distributive Wirtschaft von Jacques Duboin (1932), die beide durch die Verteilung der Kaufkraft Überproduktionskrisen vorbeugen wollen, die andernfalls infolge wachsender Produktivität entstehen würden. Im Allgemeinen wird dieser Finanzierungsmodus mit dem Hinweis abgelehnt, dass dessen Fürsprecher das Inflationsrisiko und damit auch die Gefahr »versteckter Steuern« übersehen. Joseph Huber (1998;

2000) hat im Anschluss daran einen genaueren und behutsameren Ansatz entwickelt. Folgt man seiner Analyse, lässt sich nur ein bescheidener und variabler Anteil eines nennenswerten Grundeinkommens dauerhaft auf diese Weise finanzieren.

3. … an alle seine Mitglieder individuell …

Mitgliederstatus: Bürger oder Einwohner?

Neben der geographischen Definition der politischen Gemeinschaft lässt sich auch die Zugehörigkeit zu dieser Gemeinschaft mehr oder weniger weit fassen. All jene Anhänger eines Grundeinkommens, die lieber von einem »Bürgerlohn« sprechen, gehen zumeist davon aus, dass man ausschließlich als *Staatsbürger* ein vollgültiges Mitglied einer Gemeinschaft ist und dadurch Anspruch auf das Grundeinkommen erhält. In dieser Hinsicht ist das Grundeinkommen, wie etwa in der Konzeption des französischen Philosophen Jean-Marc Ferry (1995), ein Aspekt der Rechte und Pflichten, die mit einer vollgültigen Mitgliedschaft einhergehen.

Andere hingegen, die in dem allgemeinen Grundeinkommen vornehmlich ein Instrument zur Bekämpfung von Armut und Arbeitslosigkeit sehen, interpretieren die »Mitgliedschaft« in einem weiteren Sinne und verstehen darunter alle dauerhaften Bewohner eines Staatsgebiets. Für Einwohner anderer Nationalität könnte das praktische Kriterium etwa in einer Mindestresidenzzeit oder, an sich logischer, in denselben Bedingungen bestehen, die gegenwärtig auch zur Definition des Steuerwohnsitzes dienen.

Aber selbst wenn man die Mitgliedschaft in einer politischen Gemeinschaft relativ weit fasst, kann es in jeder Bevölkerung Individuen geben, die keinerlei Anrecht auf diese Leistung besitzen. Die Gefängnisstrafe eines Verbrechers kostet eine politische Gemeinschaft deutlich mehr als die Auszahlung eines bescheidenen Grundeinkommens, auch wenn man die produktive Arbeit mit einrechnet, zu der er eventuell verpflichtet werden kann. Insofern wäre es also nur eine logische Konsequenz, dass Häftlinge – vorausgesetzt, ihre Haftstrafe ist gerechtfertigt – während der Dauer ihrer Inhaftierung den Anspruch auf Grundeinkommen verlieren, auf das sie nach Verbüßung der Haftstrafe jedoch wieder Anspruch haben sollten.

Differenzierung nach Lebensalter?

Auch in Bezug auf das Alter lässt sich die Zugehörigkeit zu einer politischen Gemeinschaft mehr oder weniger weit fassen. In den meisten Modellen haben ausschließlich *volljährige* Einwohner einen Anspruch auf ein Grundeinkommen, das insofern als eine Ergänzung zu einem allgemeinen, niedriger bemessenen Kindergeld verstanden wird, das den Minderjährigen unabhängig von der Stellung des Kindes, dem Einkommen oder sozialen und beruflichen Status seiner Eltern zukommt. Denkbar wäre allerdings auch ein Grundeinkommen, das allen von der Geburt bis zum Tode in gleicher Höhe ausgezahlt wird. Ein solches System, wie es gegenwärtig in Alaska existiert, wird von mehreren Autoren auf einem deutlich höheren Niveau gefordert (Miller 1983). Zumeist jedoch wird das Grundeinkommen in den Modellen, die dessen lebenslange Auszahlung fordern, dem Alter entsprechend in zwei oder drei Stufen bis zur Volljährigkeit variiert. Darüber hinaus wird auch oft für die Rentner eine Anpassung des Grundeinkommens vorgenommen, das ab dem 65. Lebensalter in eine höhere, individuelle, beitragsfreie und mit jedem anderen Einkommen kumulierbare Basisrente umgewandelt wird (Clark 2002).

Ein Grundeinkommen muss demnach nicht unbedingt von Geburt an ausgezahlt werden, um das Etikett »allgemein« in dem hier verstandenen Sinne zu verdienen. Es genügt, dass es jedes erwachsene Mitglied einer bestimmten Gemeinschaft erhält. Solange Niveauunterschiede lediglich eine altersbedingte Veränderung widerspiegeln, muss es nicht einmal an alle Anspruchsberechtigten in gleicher Höhe ausgezahlt werden. Eine Anpassung an die jeweiligen Lebenshaltungskosten in einem großen Flächenstaat ist mit diesem Konzept jedoch nur dann zu vereinbaren, wenn sie als Instrument zur Sicherung eines gleich hohen Realeinkommens in den unterschiedlichen Gebieten des Landes verstanden wird. Dagegen würde eine Anpassung an individuelle Bedarfslagen – wie zum Beispiel an die Schwere einer Behinderung – die Grenzen des Konzepts überschreiten, auch wenn es natürlich durchaus vorstellbar ist, dass Behinderte eine an spezifische Bedingungen geknüpfte Zusatzleistung erhalten.

Bezugseinheit: Haushalt oder Individuum?

Zumeist gehen die herkömmlichen Mindestsicherungssysteme von der nur schwer zu widerlegenden Annahme aus, dass ein Leben in einer Partnergemeinschaft Einsparungen ermöglicht und dass die Lebenshaltungskosten pro Person mit der Haushaltsgröße abnehmen. Folgerichtig wird die Höhe des Mindesteinkommens gewöhnlich so berechnet, dass jedes Mitglied einer Partnergemeinschaft einen geringeren Betrag erhält als ein allein lebender Sozialhilfeempfänger. In Frankreich zum Beispiel erhält ein allein stehender Empfänger des RMI (Eingliederungsgeld) durchschnittlich 25 Prozent mehr als ein in fester Partnerschaft lebender Anspruchsberechtigter (ohne Kinder). Damit ein solches System überhaupt funktionieren kann, bedarf es zwangsläufig einer administrativen Überprüfung der persönlichen Lebenssituation der Empfänger.

Einige Modelle des allgemeinen Grundeinkommens, die – wie etwa Joachim Mitschkes (1985; 2004) Bürgergeld – zum Teil unter anderen Bezeichnungen firmieren, gehen ebenfalls von dieser Differenzierung aus. Das Grundeinkommen, wie es hier verstanden wird, ist jedoch strikt individuell, nicht nur insofern es an jedes Individuum einzeln ausgezahlt wird anstatt allein an den jeweiligen Haushaltsvorstand, sondern auch weil der Familienstand des Anspruchsberechtigten, der allein oder mit anderen Personen zusammenleben kann, keinerlei Einfluss auf die Höhe des Grundeinkommens hat.

4. … ohne Bedürftigkeitsprüfung …

Einkommensabhängige und einkommensunabhängige Transferleistung

Alle herkömmlichen Systeme der Mindestsicherung basieren auf einer Bedürftigkeitsprüfung des jeweiligen Haushalts, die auf unterschiedlicher Weise vorgenommen werden kann. Die tatsächliche Leistung entspricht normalerweise der Differenz zwischen dem Haushaltseinkommen (Erwerbseinkommen, anderen Sozialleistungen, Einnahmen aus Immobilienbesitz, Renten usw.) und dem gesetzlichen Mindesteinkommen der betreffenden Haushaltskategorie. Darüber hinaus ist sie nachrangig, d.h., dass der Höchstregelsatz nur dann ausgezahlt wird, wenn keine anderen Einkommensquellen vorhanden sind. Je höher jedoch die Einkünfte aus diesen Quellen sind, desto stärker schrumpft auch der Regelsatz. Mit jedem hinzuverdienten Euro sinkt dieser um eben diesen Euro. Insofern handelt es sich dabei um ein System der einkommensabhängigen Transferleistung, das auf einer – manchmal nur pauschalen – Bemessung des Einkommens und des Vermögens der Leistungsempfänger beruht.

Demgegenüber handelt es sich beim allgemeinen Grundeinkommen um eine einkommensunabhängige Transferleistung. Ungeachtet sonstiger Einkünfte, ihrer Vermögenslage oder der Ressourcen ihrer Angehörigen haben Reich und Arm gleichermaßen Anspruch darauf. Das Grundeinkommen kommt in vollem Umfang sowohl jenen zugute, deren Einkünfte oberhalb des so garantierten Mindesteinkommens liegen, als auch den darunter liegenden Einkommensschichten. Wenn die Finanzierung über eine äußere Ressource erfolgt, z.B. durch Einnahmen aus der staatlichen Bewirtschaftung von Bodenschätzen, erhöht sich dadurch das Einkommen jedes einzelnen Gesellschaftsmitglieds gleichermaßen. Wenn das Grundeinkommen jedoch aus Steuern finanziert wird – sei es durch eine direkte Steuer (z.B. Einkommensteuer) oder durch eine indirekte Steuer (Verbrauchssteuern) –, liegt es auf der Hand, dass die Besserverdiener selbst ihr eigenes sowie das Grundeinkommen anderer mitfinanzieren. Insofern ist es auch offensichtlich, dass, wenn diese Maßnahme zusätzlich zu den bestehenden Sozialleistungen eingeführt werden sollte, das Einkommen der oberen Gehaltsklassen nicht steigen wird – ganz im Gegenteil.

Das ändert allerdings nichts an der Tatsache, dass sich ein allgemeines Grundeinkommen von einem bedürftigkeitsgeprüften Sozialtransfer unterscheidet. Anders als eine solche Transferleistung ist die Bewilligung eines Grundeinkommens an keinerlei Bedürftigkeitsprüfung gebunden, und es ist auch nicht erforderlich, innerhalb der Bevölkerung eigens jene Personengruppe zu bestimmen, die aufgrund

Herkömmliche Einkommensgarantie

Graphik 2

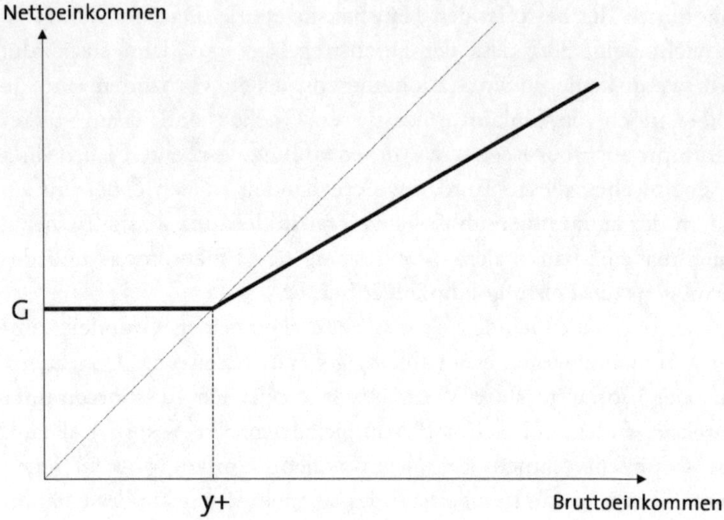

Brutto- und Nettoeinkommen. Die horizontale Achse zeigt das unbesteuerte Bruttoeinkommen ohne Transferleistungen. Auf der vertikalen Achse stellt der Punkt G die Höhe des garantierten Mindesteinkommens dar. Die Winkelhalbierende veranschaulicht das Nettoeinkommen im Falle einer Nullbesteuerung und damit auch der Nichtberücksichtigung des Existenzminimums: Brutto- und Nettoeinkommen sind identisch. Bei einem herkömmlichen Grundsicherungssystem ergänzt das Sozialeinkommen das Bruttoeinkommen des Sozialhilfeempfängers um die Differenz zu der Nettoeinkommensgarantie, die einem Haushalt einer bestimmten Kategorie gegeben werden soll. Die fett gedruckte Linie zeigt den Verlauf der Nettoeinkommen, wobei hier sowohl die Transferleistungen als auch die dazu erforderliche (hier: proportionale) Besteuerung mit eingerechnet sind.

Nettozahler und Nettoempfänger. In der obigen Graphik sind die Steuerzahler gleichzeitig auch Nettozahler und die Anspruchsberechtigten zugleich Nettoempfänger. Vorstellbar wäre jedoch auch, dass die Einkommensbesteuerung unterhalb des garantierten Mindesteinkommens G einsetzt. In diesem Fall können auch Nettoempfänger steuerpflichtig sein. Umgekehrt kann die Einkommensbesteuerung auch erst oberhalb der Einkommensgarantie G einsetzen. Dann ist es denkbar, dass jemand weder Steuern zahlt noch zu den Nettoempfängern gehört.

Weitere öffentliche Ausgaben. Die Graphik geht allerdings davon aus, dass der Staat lediglich für die Transferleistungen der Einkommensgarantie aufkommt. Im Falle zusätzlicher Ausgaben muss entweder der Steuersatz oder die Höhe der Transferleistungen angeglichen werden.

ihrer Mittellosigkeit anspruchsberechtigt ist. Wenn die Finanzierung durch eine Einkommensteuer erfolgt, ist folglich eine Einkommensprüfung notwendig. Aber selbst dann ist diese Unterscheidung immer noch sinnvoll. Dies wird leichter verständlich, wenn man das Grundeinkommen mit einer Maßnahme vergleicht, die ihm deutlich näher kommt als die herkömmlichen Systeme eines garantierten Mindesteinkommens. Diese Ähnlichkeit ist sogar so groß, dass viele schlicht behaupten, dass beide Maßnahmen identisch sind. Es handelt sich um die Negative Einkommensteuer.

Allgemeines Grundeinkommen und Negative Einkommensteuer

In einem weiteren Sinne ist eine Negative Einkommensteuer nichts anderes als eine Transferleistung der Steuerbehörde, die an einen steuerpflichtigen Bürger entsprechend seinem Einkommen ausgezahlt wird, genau wie eine positive Einkommensteuer eine Abgabe des Steuerzahlers darstellt, die vom Finanzamt entsprechend dem Einkommen einbehalten wird. In einem engeren Begriffsverständnis, das üblicherweise herangezogen wird und das auch den folgenden Ausführungen zugrunde liegt, handelt es sich bei der Negativen Einkommensteuer um eine Kombination aus einer (linear, progressiv oder degressiv) wachsenden positiven Steuer, die ab dem ersten Euro aus einem Erwerbseinkommen fällig wird, sowie aus einer pauschalen, auszahlbaren Steuergutschrift. Diese Kombination führt zu einer Auszahlung einer Negativsteuer in Höhe der Steuergutschrift an jeden Steuerzahler ohne eigene Einkommensquellen. Wenn ein eigenes Einkommen vorliegt und die sich daraus errechnete Steuerschuld bzw. positive Steuer geringer ist als die Steuergutschrift, wird die Steuerschuld mit der Steuergutschrift verrechnet, so dass das Finanzamt letztendlich eine reduzierte Steuergutschrift auszahlt. Ein Steuerzahler mit einer positiven Steuerschuld, die genau der Summe der Steuergutschrift entspricht, bezahlt nichts, erhält jedoch auch nichts: Er befindet sich an der Transfergrenze bzw. dem *break even point*. Alle anderen Steuerzahler bezahlen eine positive Steuer, die mit wachsendem Einkommen steigt.

Bei der Idee einer linearen Variante der Negativsteuer, wie sie durch Milton Friedman (1962; 1968) Verbreitung gefunden hat, handelt es sich um eine Proportionalbesteuerung. Da die Steuergutschrift einheitlich ist, verringert sich die negative Steuer, also der Auszahlbetrag, bei Anstieg der niedrigen Einkommen in demselben Maße wie die positive Steuer, also der Abgabebetrag, bei Anstieg der oberen Einkommen wächst. Jedoch ist diese Proportionalität kein fester Bestandteil des Konzepts der Negativen Einkommensteuer, bei dem lediglich die Höhe der Steuergutschrift unabhängig von den Steuersätzen für alle gleich sein muss.

Negative Einkommensteuer

Graphik 3

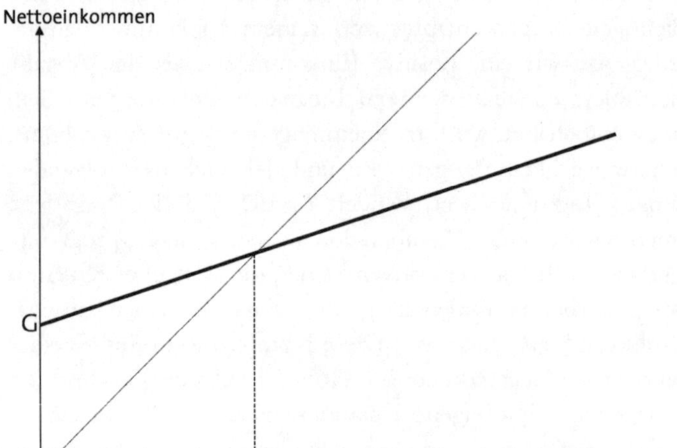

Negativsteuer. Bei einer Negativen Einkommensteuer verringert sich der einem Haushalt zustehende Betrag mit wachsendem Einkommen schrittweise bis auf Null. Von diesem Punkt (y*) an schlägt die negative dann in eine positive Besteuerung um.

Lineare Besteuerung. Bei einer linearen Besteuerung, wie in dieser Graphik, verringert sich der Betrag in dem Bereich unterhalb der Transfergrenze (y*) in demselben Maße (als Prozentsatz jeder einzelnen zusätzlichen Bruttoeinkommenseinheit), wie die positive Steuer in dem oberen Bereich wächst.

Auf den ersten Blick scheinen Grundeinkommen und Einkommenssteuer einander zu entsprechen, wenigstens solange die Höhe des Grundeinkommens und der Steuergutschrift gleich hoch sind. Bei dem Grundeinkommen erhält jede Person eine Transferleistung in gleicher Höhe und (fast) jeder ist in einer bestimmten Höhe steuerpflichtig. Bei der Negativsteuer wird eine Transferleistung, die für (fast) alle Empfänger niedriger ausfällt als beim Grundeinkommen, nur an bestimmte Personen ausgezahlt, während die anderen Steuern auf einem allerdings für alle niedrigeren Niveau zahlen. Gleichgültig ob positiv oder negativ, in beiden Fällen sind die Nettosteuern identisch – und folglich auch die Nettoeinkommen (die fett gedruckten Linien von Graphik 1, S. 44, und Graphik 3, S. 52 decken sich).

Was jedoch theoretisch identisch zu sein scheint, kann in der Praxis völlig verschiedene Auswirkungen haben. Das allgemeine Grundeinkommen wirkt wie eine Art Vorschuss, der zum Bruttoeinkommen *jeder Person* gesondert hinzukommt und später wieder anteilig oder vollständig durch die Besteuerung abgezogen wird. Bei der Negativsteuer lässt sich dagegen erst nach Eingang und Bearbeitung der Steuererklärung bestimmen, ob eine Transferleistung auszuzahlen ist. Darüber hinaus werden die Einkommen und Steuergutschriften normalerweise *pro Haushalt* berechnet, so dass sich daraus ein gemeinsamer zu zahlender bzw. auszuzahlender Endbetrag errechnet. Dieser doppelte Unterschied lässt sich jedoch zum einen durch eine schon weithin praktizierte Quellbesteuerung und durch die Möglichkeit, das Grundeinkommen auf Wunsch in eine Steuergutschrift umzuwandeln, ausräumen und zum anderen dadurch, dass das Steuerguthaben auf Antrag jedem Einzelnen im Vorhinein ausgezahlt werden kann. Selbst wenn man jedoch diese Anpassungsmöglichkeiten berücksichtigt, sind die Unterschiede – wie später noch zu zeigen sein wird – groß genug, um das Potenzial von Grundeinkommen und Negativsteuer sowohl in ihrer Funktion als Instrument im Kampf gegen Armut und Arbeitslosigkeit (vgl. III.1–2) als auch in Bezug auf ihre politische Umsetzbarkeit (vgl. IV.3) unterschiedlich zu bewerten.

Sozialhilfe als regressive Variante der Negativsteuer

Anrechnungssatz der Sozialleistung. Sieht man einmal von der Frage der geforderten Gegenleistung ab (vgl. II.5), so lassen sich herkömmliche Methoden der garantierten Mindestsicherung als ein Grenzfall einer haushaltsbezogenen Negativsteuer verstehen. Das typische System einer garantierten Mindestsicherung entspricht in rein formeller Hinsicht nämlich einer denkbar regressiven Variante der Negativsteuer, bei der implizit ein Grenzsteuersatz von 100 Prozent auf die Niedrigeinkommen veranschlagt wird: Jeder durch eine Erwerbsarbeit hinzuverdiente Euro unterliegt zwar keiner positiven Versteuerung. Da mit diesem Hinzuverdienst jedoch eine Kürzung der Sozialleistung bzw. ein Transferentzug in Höhe von einem Euro einhergeht, wird dieser hinzuverdiente Euro faktisch zu 100 Prozent versteuert. Dadurch, dass dieses Sozialeinkommen systematisch die Diffeenz zwischen einem Erwerbseinkommen und einem bestimmten Existenzminimum ausgleicht, verringert es sich in dem Maße, wie das Erwerbseinkommen steigt. Dieses unterliegt folglich einem Grenzsteuersatz, d.h. einer Transferentzugsrate in Höhe von 100 Prozent (vgl. die beiden Graphiken 2, S. 50 und Graphik 3, S. 52). Manche herkömmliche Systeme enthalten jedoch Möglichkeiten, zuzüglich zu dem Höchstregelsatz ein zeitlich begrenztes und/oder geringes Erwerbseinkommen hinzuzuverdienen (die so genannten »Freibetragsregelungen«). Dadurch werden sie den orthodoxen Formen der Negativsteuer ein wenig ähnlicher, da diese für jene Bürger, die nur geringe Erwerbseinkommen erzielen können, weniger abschreckend wirken, d.h. durch eine deutlich unter 100 Prozent liegende Transferentzugsrate höhere Anreize setzen, eine niedrig entlohnte Erwerbstätigkeit aufzunehmen.

Art der angerechneten Zusatzeinkommen. Ein wesentlicherer Unterschied zwischen den traditionellen Sozialhilfesystemen und der Negativsteuer hat mit der Definition der Einkünfte zu tun, die zur Bestimmung des Leistungssatzes berücksichtigt werden. Was die Negativsteuer betrifft, so ist die Definition hier dieselbe wie für die positive Besteuerung: Aus dem Einkommen wird, gegebenenfalls mit unterschiedlichen Steuersätzen für Einkommen aus Erwerbsarbeit und Vermögen, eine Steuerschuld berechnet. Diese Steuerschuld wird wiederum mit der Steuergutschrift verrechnet, deren Differenzbetrag zu einer Auszahlung (negative Steuer) führen kann. Bei den herkömmlichen Mindestsicherungssystemen gilt eine erweiterte Definition einzubeziehender Ressourcen: Neben dem zu versteuernden Gesamteinkommen (das implizit also dem höchsten Steuersatz unterliegt) werden auch in unterschiedlichem Maße die Vermögenswerte der Leistungsempfänger, ihr Immobilienbesitz und (mögliche) Hilfsleistungen von Familienmitgliedern mit eingerechnet. Genau wie bei der positiven Besteuerung haben diese Ressourcen jedoch auf die Berechnung der Negativsteuer keinerlei Einfluss. Im Vergleich zu diesen traditionellen Systemen (Typ Sozialhilfe) handelt es sich folglich bei der Negativsteuer selbst bei bestimmten feststehenden Grenzsteuersätzen um ein für Geringverdiener günstigeres Verfahren oder, anders gesagt, um ein Verfahren mit einem faktisch weniger regressiven Besteuerungsprofil.

Universalität und Kumulierbarkeit von Einkommen

Im Gegensatz zu traditionellen Systemen eines garantierten Mindesteinkommens unterliegt das allgemeine Grundeinkommen erstens keiner Bedürftigkeitsprüfung und wird zweitens an alle ausgezahlt. Damit geht gewöhnlich auch der Gedanke einher, dass das Grundeinkommen anders als diese Mindestsicherungssysteme mit jeder anderen Form von Einkünften ohne Einschränkung kumulierbar ist, was zwangsläufig zu einer Verbesserung der faktischen Lebenssituation der Betroffenen beiträgt.

Bereits aus der Darstellung der Negativen Einkommensteuer ergibt sich eine Vorwarnung, die beiden Kriterien, mit denen das Grundeinkommen von den herkömmlichen Mindestsicherungssysteme unterschieden wird, vorschnell gleichzusetzen. Dass die Auszahlung einer Negativsteuer an eine Prüfung der Einkommenssituation gebunden ist, bedeutet nicht, dass im Zuge eines graduellen Transferentzugs jedes zusätzliche Einkommen in voller Höhe angerechnet wird. Die Höhe der Transferleistung sinkt zwar mit steigendem Einkommen, jedoch nicht so schnell, wie das Einkommen steigt. Anders ausgedrückt: Die Transferentzugsrate, also der implizite Grenzsteuersatz, kann für die Anspruchsberechtigten einer Negativsteuer niedriger, genauso hoch bzw. höher als der explizite Grenzsteuersatz der positiven Steuer ausfallen. Sie bewegt sich jedoch stets unterhalb von 100 Prozent. In herkömmlichen Sozialhilfesystemen soll mit dem Sozialtransfer nicht weniger, aber auch nicht mehr als das Existenzminimum gesichert werden. Das bedeutet, dass hier eine 100-prozentige Transferentzugsrate angelegt wird: Für jeden hinzuverdienten Euro wird von diesem Sozialtransfer ein Euro abgezogen. Daher ist es nicht die Einkommensprüfung als solche, die die Möglichkeit der Kumulierung von Sozialtransfers und anderen Einkommen ausschließt.

Umgekehrt bedeutet eine fehlende Bedürftigkeitsprüfung, wie sie für das allgemeine Grundeinkommen konstitutiv ist, streng genommen nicht, dass es mit anderen Einkünften kumulierbar ist. Grundsätzlich spricht nämlich nichts gegen eine Finanzierung des Grundeinkommens durch einen bis zur Höhe des Grundeinkommens gültigen Steuersatz von 100 Prozent. Die Verteilung der so erzielten

Nettoeinkommen würde sich mit der Verteilung decken, die sich gewöhnlich aus den bestehenden Systemen einer garantierten Mindestsicherung ergibt (vgl. Graphik 2, S. 50), sieht man einmal von der möglichen Differenz zwischen den in diesen Systemen angerechneten Einkünften und dem zu versteuernden Einkommen ab (vgl. Kasten, Seite 54). Auch wenn diese Situation bereits theoretisch in Betracht gezogen wurde (Salverda 1984), kam es bisher noch nie ernsthaft zu einem solchen Vorschlag. In der Tat scheint die Vorstellung, die unteren Erwerbseinkommen zu 100 Prozent zu besteuern, völlig abwegig. Wenn man also davon ausgeht, dass dieser Grenzfall ausgeschlossen ist, beinhaltet die »Universalität« des Grundeinkommens gleichzeitig auch seine »Kumulierbarkeit« in dem hier verstandenen Sinne.

Sollte das allgemeine Grundeinkommen steuerfrei sein?

Manche sind der Ansicht, dass das Grundeinkommen wie jedes andere, gewöhnliche Einkommen versteuert werden, andere wiederum, dass es steuerfrei bleiben sollte.

Im Rahmen einer streng individuellen Besteuerung der natürlichen Personen ist diese Unterscheidung allerdings völlig bedeutungslos. Das Grundeinkommen lässt sich gewissermaßen als die erste Einkommensstufe begreifen, so dass eine Besteuerung lediglich eine alle betreffende Kürzung des Betrags bedeuten würde. Insofern könnte man auch sogleich den niedrigeren Betrag ansetzen und von jeder direkten Besteuerung ausnehmen, so wie es beispielsweise zumeist bei Kindergeldregelungen gehandhabt wird.

Im Rahmen einer Besteuerung des Haushaltseinkommens gilt dies nur, wenn die Freibeträge, die gegenwärtig je nach Haushaltsgröße bewilligt werden, proportional zu der Zahl der Personen eines Haushalts (mit Anspruch auf ein Grundeinkommen) wachsen. Wenn, wie es häufig der Fall ist, diese Freibeträge in Bezug auf die Haushaltsgröße degressiv gestaffelt wären, würden die Alleinlebenden gegenüber Ehe- oder Lebenspartnern durch die Einbeziehung des Grundeinkommens besser gestellt.

Deshalb plädieren die Verfechter des allgemeinen, strikt individuellen Grundeinkommens tendenziell für eine ausschließlich individuelle Besteuerung, durch die die Unterscheidung zwischen Besteuerung bzw. steuerliche Freistellung des Grundeinkommens hinfällig wird.

Allgemeines Grundeinkommen und Kombilohn

Im Anschluss an die Frage nach dem Verhältnis zwischen Grundeinkommen und Negativsteuer lässt sich auch der Unterschied zwischen diesen Vorschlägen und diversen Formen des Kombilohnes darlegen, wie sie zuerst in den Vereinigten Staaten (EITC – *Earned Income Tax Credit*) zur Stärkung der Arbeitsanreize und Besserstellung der Geringverdiener erprobt wurden (später auch in Europa: Großbritannien 1997: *Working Families Tax Credit*; Frankreich 2001: *Prime pour l'emploi*; in Deutschland wurden Kombilöhne 1996 als *Arbeitnehmerhilfe* in das damalige Arbeitsförderungsgesetz (AFG) und als Zuschüsse entweder für Arbeitgeber oder für Arbeitnehmer in das damalige Bundessozialhilfegesetz (BSHG) eingeführt. Sie sind jedoch keine *Tax Credits*, da sie nicht von den Finanzämtern, sondern von den Arbeitsämtern bzw. den Trägern der Sozialhilfe verwaltet werden. Das gleiche gilt für das so genannte »Mainzer Modell«, das geförderten Arbeitnehmern Zuschüsse zu den Sozialversicherungsbeiträgen und gegebenenfalls einen Kindergeldzuschlag zahlt.) Ähnlich wie bei der Negativsteuer handelt es sich hier um eine Form des Steuer- bzw. Beitragsnachlasses für bestimmte Einkommenskategorien und ein vom Finanzamt verwaltetes Sozialeinkommen. Während es sich bei der auszahlbaren Steuergutschrift als festem Bestandteil der Negativsteuer jedoch um einen invariablen Pauschalbetrag handelt, variiert diese Form des anzurechnenden Freibetrages je nach Einkommen.

In seiner ursprünglichen Variante des amerikanischen EITC ist die Steuergutschrift gleich Null, solange kein Erwerbseinkommen vorliegt. Sie wächst mit steigendem Erwerbseinkommen, bleibt dann stabil und sinkt schließlich wieder schrittweise je nach Haushaltseinkommen (Bontout 2000). Der französische Beschäftigungszuschuss *Prime pour l'emploi* (PPE) wird dagegen erst ab 30 Prozent des gesetzlichen Mindestlohnes (SMIC – *Salaire minimum interprofessionnel de croissance*) ausgezahlt, steigt dann allmählich auf 100 Prozent des SMIC und entfällt erst ab 140 Prozent des SMIC. Im Jahre 2003 wurde diese Beschäftigungsprämie zur Förderung der Teilzeitarbeit durch eine Erhöhung der Einkommen unterhalb des SMIC reformiert (Legendre et al. 2004).

Während im Rahmen der Negativsteuer oder der konventionellen Systeme zur Sicherung des Existenzminimums die Sozialleistung bei sich erhöhenden unteren Erwerbseinkommen gekürzt wird, erhöht sich dieses Sozialeinkommen sowohl im Rahmen des EITC als auch beim PPE und den in anderen Ländern geltenden Systemen. Diese scheinbar erhebliche Differenz zwischen der Negativsteuer und einerseits dem Grundeinkommen, andererseits den variablen Steuer-

Kombilohnmodell für Geringverdiener

Graphik 4

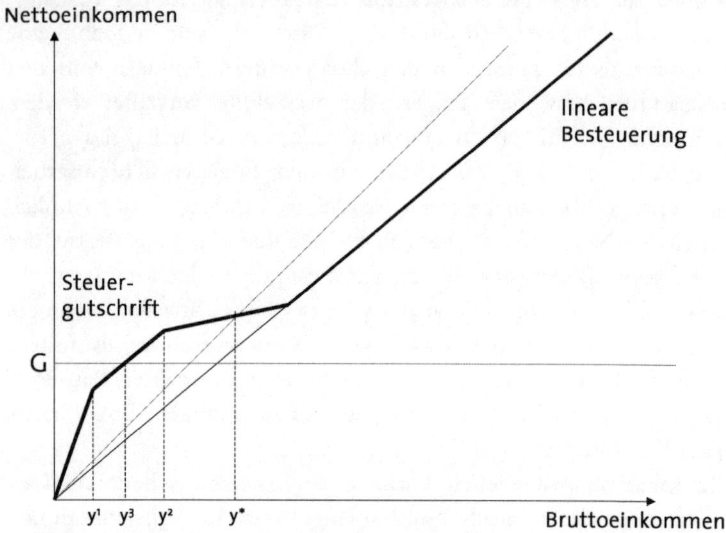

Bei einem Kombilohnmodell, wie es beispielsweise für den *Earned Income Tax Credit* gilt, wächst der Zuschuss für einen Arbeitnehmer linear bis zur ersten Einkommensstufe (y^1), bleibt von da an stabil und sinkt dann wieder linear von der nächsten Stufe an (y^2). In dem in der vorliegenden Graphik dargestellten Sonderfall verläuft die Besteuerung (ohne Steuergutschrift) linear. Die Transfergrenze, die die Nettoempfänger von den Nettozahlern trennt, entspricht dem Einkommensniveau y*. Wenn bereits eine garantierte Mindestsicherung auf dem Niveau von G besteht (vgl. Graphik 2, S. 50), kann durch den Kombilohn das Nettoeinkommen bestimmter Arbeitnehmer (mit einem Bruttoeinkommen oberhalb von y^3) über das Niveau von G gehoben werden.

gutschriften verschwindet jedoch weitgehend, wenn die Steuergutschriften parallel zu bereits bestehenden konventionellen Einkommensgarantien eingeführt werden, anstatt diese zu ersetzen (Van Parijs et al. 2001). In diesem Fall lässt sich deren Einführung sogar als ein wichtiger Schritt auf dem Weg zu einem allgemeinen Grundeinkommen interpretieren (vgl. IV.3).

5. … und ohne Gegenleistung ausgezahlt wird

Freiwillige Arbeitslosigkeit?

Bei den herkömmlichen Einkommensgarantien beruht die Leistungsbewilligung zumindest prinzipiell auf einer Gegenleistung. Diese besteht zumeist in einer Verpflichtung des Leistungsempfängers, sich für den Arbeitsmarkt verfügbar zu halten. Die konkrete Ausprägung dieser Verpflichtung ist von Land zu Land sehr verschieden und kann sogar innerhalb eines Landes von einer Sozialbehörde zur anderen unterschiedlich gehandhabt werden. Sie bedeutet entweder, dass man ein »zumutbares Beschäftigungsangebot« akzeptieren oder zumindest den Nachweis erbringen muss, sich aktiv um eine Arbeit zu bemühen. Manchmal besteht die Verpflichtung auch darin, einen Eingliederungsvertrag, der entweder eine Erwerbsarbeit, eine Weiterbildung oder eine andere gesellschaftlich nützliche Tätigkeit betrifft, zu unterschreiben und einzuhalten.

Demgegenüber ist das allgemeine Grundeinkommen an keine derartige Bedingung geknüpft. Die Bereitschaft der Leistungsempfänger, sich über den Arbeitsmarkt oder andere, nicht-erwerbliche Tätigkeiten gesellschaftlich zu integrieren, wird nicht kontrolliert. Daher entsprechen die Vorschläge zur Einführung eines Sozialeinkommens für alle Gesellschaftsmitglieder, die – wie zum Beispiel bei Bellamy (1888) oder Gorz (1983) – an eine gemeinnützige Tätigkeit gebunden sind, nicht der Definition des allgemeinen Grundeinkommens. Und insofern handelt es sich auch bei dem individuellen Pauschalmindesteinkommen, für das die liberale Politikerin Juliet Rhys-Williams (1943) als allen zustehende Leistung warb, im Unterschied zu der »Sozialdividende« der Labour-Politiker Cole und Meade nicht um ein allgemeines Grundeinkommen, weil ihrem »neuen Gesellschaftsvertrag« zufolge zum Beispiel streikende Arbeiter keinerlei Ansprüche geltend machen können.

Verpflichtung zur gesellschaftlichen Beteiligung?

Eine größere Ähnlichkeit mit dem allgemeinen Grundeinkommen weist jedoch vor allem das *participation income* (Beteiligungs-Entschädigung) des britischen Wirtschaftswissenschaftlers Anthony Atkinson (1996) auf. An die Stelle der Bedingungslosigkeit des Grundeinkommens tritt zwar eine gesellschaftliche Beteiligungspflicht, die allerdings so weit gefasst ist, dass fast alle ihr gerecht werden und damit Anspruch auf ein individuelles und einheitliches Basiseinkommen haben. Darunter fallen nicht nur all jene, die einer abhängigen Vollzeitbeschäftigung nachgehen oder als Selbständige tätig sind, sondern ebenso die Arbeitsuchenden sowie all jene, die aus gesundheitlichen Gründen, infolge eines Arbeitsunfalls oder aus Gründen der Invalidität arbeitsunfähig sind. Ein Anspruch ergibt sich darüber hinaus für ältere oder kranke Bürger, Studenten und Auszubildende, Menschen, die das Renteneintrittsalter erreicht haben oder Kinder, ältere Menschen oder Kranke betreuen, und all jene, die andere anerkannte Formen einer ehrenamtlichen Tätigkeit ausüben.

Mit der Einführung eines hohen *participation income* müssten jedoch Vorkehrungen einhergehen, mit denen sich gemeinnützige Tätigkeit überprüfen ließe. Diese könnten sich recht bald als überaus aufwendig erweisen, weil die Kontrolle der häuslichen Beschäftigung eine Einmischung ins Privatleben bedeutet und die Vereine und Verbände, die mit der Betreuung ihrer »ehrenamtlichen« Mitarbeiter betraut sind, dadurch ihrem eigentlich Sinn entfremdet werden und die damit einhergehenden allgemeinen Verwaltungskosten allzu hoch sind. Im Falle eines niedrigen *participation income* könnte man sich dagegen mit leicht zu erbringenden Beschäftigungsnachweisen zufrieden geben oder lediglich die Vorlage einer Studienbescheinigung vorschreiben. Die Bestätigung einer regelmäßigen Mitarbeit in Vereinen und Assoziationen würde ebenfalls für einen Leistungsanspruch genügen. In diesem Fall ist die Ähnlichkeit mit dem allgemeinen Grundeinkommen nicht zu verkennen (vgl. IV.3).

6. Drei zentrale Unterschiede

Im Anschluss an den historischen Abriss in Kapitel I und den begrifflichen Ausführungen von Kapitel II sollte noch einmal auf die Besonderheit des allgemeinen Grundeinkommens hingewiesen werden. In vielen entwickelten Sozialstaaten erfolgt ein großer Teil der staatlichen Geld- und Sachleistungen im Rahmen eines Sozialversicherungssystems. In einem derartigen System ist der Leistungsanspruch zumindest prinzipiell an Pflichtbeiträge der Arbeitnehmer gekoppelt. Davon unterscheiden sich die Systeme zur Sicherung des Existenzminimums insofern grundlegend, als die Leistung nicht allein Beitragszahlern sowie Mitversicherten zusteht.

Diese Maßnahmen lassen sich mit zahlreichen Varianten grundsätzlich zwei verschiedenen Basismodellen zuordnen: zum einen dem Modell der staatlichen Fürsorge für die Bedürftigen, wie es erstmalig von Morus und Vives formuliert wurde und das heute, in einem aufgrund des Bestehens der Sozialversicherungssysteme grundlegend veränderten Kontext, in den gegenwärtigen Mindestsicherungssystemen, wie zum Beispiel die Sozialhilfe, umgesetzt ist (vgl. 1.1); zum anderen einem Modell, dem zufolge allen Gesellschaftsmitgliedern ein Teil des gesellschaftlichen Vermögens zukommt. Dieses Modell wurde ursprünglich von Paine und Spence formuliert. Ein begrenztes Beispiel dafür wäre etwa die Dividende aus dem *Alaska Permanent Fund* (vgl. I.4).

Mit dieser zentralen Entgegensetzung zwischen zwei Modellen des garantierten Mindesteinkommens, die sich beide gleichermaßen vom Sozialversicherungsmodell unterscheiden, treten die Unterschiede zwischen den verschiedenen Varianten des allgemeinen Grundeinkommens und den klassischen Systemen zur Sicherung des Existenzminimums deutlich hervor. Das Grundeinkommen wird strikt individuell zugeteilt, ungeachtet der sonstigen Einkünfte der Leistungsempfänger ausgezahlt und ist an keinerlei Gegenleistung gebunden. Umgekehrt ist leicht zu sehen, dass eine effiziente staatliche Fürsorge zugunsten der ärmsten Bevölkerungsschichten so gestaltet ist, dass sie sich im Zusammenhang mit drei Voraussetzungen – Familienstand, sonstige Einnahmen und Arbeitsbereitschaft – möglichst genau bemessen lässt. Genauso leicht verständlich ist, dass die Idee eines für alle gleichen Anspruchs auf das gesellschaftliche Vermögen selbstverständlich in Gestalt eines individuellen, bedingungslosen und einheitlichen Einkommens erfolgt. Gleichwohl sollten Zwecke und Mittel nicht einfach miteinander gleichgesetzt werden. Im Folgenden wird noch zu zeigen sein, dass die Idee eines allgemeinen Grundeinkommens sowohl als effizienteres Mittel zum Kampf gegen Armut als auch als unmittelbare Verwirklichung von Gerechtigkeitsprinzipien vertreten wird.

Ausprägungen nicht-versicherungsförmiger Transferleistungen

	Klassische Mindesteinkommen (Sozialhilfe usw.)	steuerlicher Zuschuss bei Niedrigeinkommen (Kombilohn, EITC usw.)	Negative Einkommensteuer	Allgemeines Grundeinkommen	*Participation Income (Beteiligungsentschädigung)*
Vorangehende Beitragszahlung?	Nein	Nein	Nein	Nein	Nein
Bedürftigkeitsprüfung?	Ja	Ja	Ja	Nein	Nein
Individueller Anspruch?	Nein	Nein	Nein	Ja	Ja
Kumulierbarkeit?	Nein	Ja	Ja	Ja	Ja
Gegenleistung?	Ja (Arbeitsbereitschaft)	Ja (Erwerbsarbeit)	Nein	Nein	Ja (anerkannte gemeinnützige Tätigkeit)

Anmerkung: Die oben stehende Tabelle bezeichnet die typischen Merkmale der einzelnen, in Kapitel II diskutierten wichtigen sozialpolitischen Instrumente, wobei man sich der jeweiligen Nuancierungen erinnern sollte. Beispielsweise ist es in manchen klassischen Systemen eines Mindesteinkommens möglich, zeitlich befristet neben dem Sozialeinkommen in voller Höhe ein Erwerbseinkommen bis zu einem bestimmten Schwellenbetrag zu beziehen (»Freibetragsregelungen«). Ein anderes Beispiel wäre eine Negativsteuerregelung, die im Rahmen eines strikt individuell gestalteten Steuersystems auch das Individuum an Stelle des Haushalts als Bezugseinheit berücksichtigen kann.

III. Eine gerechte Idee?

Wir wissen inzwischen besser, worin ein allgemeines Grundeinkommen besteht und wie diese Idee entstanden ist. Im Folgenden soll es um die jeweiligen Argumente seiner Fürsprecher und seiner Gegner gehen. Gegenwärtig wird für das Grundeinkommen in erster Linie geworben, weil darin ein effizientes Instrument zur Bekämpfung der Armut oder, genauer gesagt, ein Mittel im Kampf gegen Armut *und* Arbeitslosigkeit gesehen wird. Die Argumente zu Gunsten des Grundeinkommens können nicht nur – wie später noch gezeigt werden soll – in der Logik der Ökonomie formuliert werden. Darüber hinaus verweist es stets auch auf eine Idee einer gerechten Gesellschaft, an deren Explikation weder die Verfechter des allgemeinen Grundeinkommens noch dessen Kritiker vorbeikommen.

1. Ein Effizientes Mittel im Kampf gegen die Armut

Eine allzu kostspielige Maßnahme?

Wenn wir mit dem Aspekt einer am Maßstab des Einkommens definierten Armut beginnen, so liegt es auf der Hand, dass sich durch die Einführung eines Grundeinkommens bei sonst gleich bleibenden Bedingungen die Armut verringern ließe. In Anbetracht knapper Ressourcen besteht die eigentliche Frage jedoch darin, ob das Ziel mit dieser Maßnahme leichter zu erreichen ist als mit herkömmlichen Einkommensgarantien. Diesbezüglich scheint auf den ersten Blick alles gegen ein Grundeinkommen zu sprechen. Gegeben sei eine Armutsschwelle, die für jede Haushaltsgröße ein Einkommensniveau festlegt, das die Armen von den Nicht-Armen trennt. Als Armutslücke (*poverty gap*) bezeichnen wir jenen Umfang der Transferleistungen, der notwendig ist, um das Einkommen der armen Haushalte auf die Höhe der Armutsschwelle zu heben. Die Effizienz eines Programms gegen Armut (*target efficiency*) wird dann gewöhnlich daran bemessen, wie hoch der Anteil der Ausgaben des Programms ist, der dazu dient, diese Lücke zu schließen. In dieser Hinsicht ist eine von der Haushaltsgröße abhängige Einkommensgarantie, die ausschließlich den untersten Einkommensschichten gilt und von diesen eine Gegenleistung verlangt, natürlich effizienter als ein allgemeines Grundeinkommen, bei dem wertvolle Steuermittel durch eine gleichmäßige Verteilung auf alle Gesellschaftsmitglieder vergeudet werden, von denen keineswegs alle auf dieses Sozialeinkommen angewiesen sind. So jedenfalls lautet die Schlussfolgerung, zu der sogar wohlwollende Interpreten des Grundeinkommens gelangen (Belorgey 2000).

Die Anhänger eines allgemeinen Grundeinkommens sind dagegen der Ansicht, dass eine derartige Schlussfolgerung auf einer nur zum Teil zutreffenden Interpretation der gesellschaftlichen Armutserscheinungen und einer oberflächlichen Analyse der bei der Armutsbekämpfung anfallenden Kosten beruht. Natürlich verursacht das Grundeinkommen in vielerlei Hinsicht Mehrkosten im Vergleich zu einem klassischen System der Existenzsicherung. Diese Mehrkosten sind jedoch nicht darauf zurückzuführen, dass die Sozialleistung Reichen und Müßiggängern gleichermaßen zusteht, sondern darauf, dass sie ausschließlich individuell ausgezahlt wird und zudem (aufgrund der deutlich unter 100 Prozent liegenden Transferentzugsrate) die Ärmsten nicht bestraft, wenn sie eine gering entlohnte Arbeit aufnehmen. Vor allem aber lässt sich diese Maßnahme dadurch rechtfertigen, dass sie sich nicht nur darum bemüht, die statistisch definierte Armut im engeren Sinne auszumerzen, sondern darüber hinaus auch gesellschaftlichen Ausgrenzungsprozessen im weiteren Sinne den Kampf ansagt.

Eine Besserstellung der armen und eine Schlechterstellung der reichen Bevölkerungsschichten?

Um diese Behauptungen besser nachvollziehen zu können, sollte zunächst ein häufig anzutreffendes Missverständnis ausgeräumt werden: Bloß weil sowohl wohlhabende als auch weniger wohlhabende Einkommensschichten Anspruch auf ein allgemeines Grundeinkommen haben, bedeutet dies noch nicht, dass die Reichen dadurch noch bereichert werden. Falls das Grundeinkommen lediglich zusätzlich zu den bestehenden Steuer- und Transfersystemen eingeführt würde, müssten die oberen Einkommenskategorien neben den ohnehin anfallenden Kosten sowohl ihr eigenes Grundeinkommen als auch einen Teil des Grundeinkommens der ärmeren Leistungsempfänger finanzieren. Das gilt gleichermaßen bei einer progressiven, linearen oder regressiven Besteuerung (vgl. Graphik 1, S. 44). Damit die Einführung eines allgemeinen Grundeinkommens parallel zu den bestehenden Systemen den Ärmsten zugute kommt und (logischerweise) zu Lasten der Großverdiener geht, müssen diese zu seiner Finanzierung *in absoluten Zahlen* durchschnittlich mehr als die Geringverdiener beitragen.

Zumeist jedoch ist ein allgemeines Grundeinkommen nicht als bloße Zusatzleistung zu diesen Programmen vorgesehen. Vielfach wird davon ausgegangen, dass mit der Einführung des Grundeinkommens verschiedene, bereits bestehende und an Bedingungen geknüpfte Transferleistungen zu Gunsten der Grundeinkommenshöhe reduziert werden (und solche abgeschafft werden, die über ein geringeres Leistungsniveau verfügen). Außerdem würden bestimmte Steuerbefreiungen bzw. Steuernachlässe für alle steuerpflichtigen, wohlhabenden oder weniger wohlhabenden Haushalte, die auf mehr oder weniger komplizierten Maßnahmen wie etwa dem Ehegattensplitting beruhen, abgeschafft. Solange sein Leistungsniveau relativ niedrig ist, wird infolgedessen das Grundeinkommen der Ärmeren zum Teil durch die Kürzung bestehender Leistungen finanziert, wohingegen das der oberen Einkommensschichten durch die Streichung der Steuergeschenke, die ihnen gegenwärtig zugute kommen, mehr als gegenfinanziert wird, während die Geringverdiener keinen oder nur einen sehr geringen Anspruch auf solche Vergünstigungen haben.

Trotzdem werden Nettokosten entstehen, insofern das Grundeinkommen all jener Bürger (zumindest) mitfinanziert werden muss, die gegenwärtig kein oder ein nur sehr begrenztes Anrecht auf Sozialleistungen bzw. Steuervorteile haben.

Je nach der Struktur der Sozialleistungen und des Steuersystems eines Landes und natürlich auch entsprechend der Höhe des angestrebten Grundeinkommens variieren die Nettokosten jedoch ganz erheblich. Solange die Besteuerung in absoluten Zahlen die Armen nicht stärker belastet als die Reichen, bedeutet die Finanzierung dieser Nettokosten (über die weiter unten noch zu sprechen sein wird) als zwangsläufige Konsequenz der Einführung eines Grundeinkommens einen umso höheren Nettotransfer der oberen zu den unteren Einkommensschichten, je höher das allgemeine Grundeinkommen ist.

Macht eine Dividende auf der Basis von natürlichen Ressourcen die Reichen nur noch reicher?

In manchen Modellen – wie auch in dem Dividendensystem in Alaska – wird das allgemeine Grundeinkommen nicht über eine (direkte bzw. indirekte) Einkommensbesteuerung der betreffenden Bevölkerung finanziert. In diesem Fall scheint die Behauptung begründet, dass wohlhabenden Haushalten, die im Grunde nicht darauf angewiesen sind, zusätzliche Einkünfte zufließen.

Eine einkommensabhängige, degressive Auszahlung einer solchen Dividende käme jedoch in ihrer Umverteilungswirkung und ihren möglichen wirtschaftlichen Konsequenzen der Beibehaltung einer einheitlichen Dividende bei gleichzeitiger Einführung oder Erhöhung der Besteuerung dieses Einkommens gleich. Die implizite Besteuerung durch eine degressive Dividende ist genauso denkbar und wünschenswert wie eine Verbindung einer einheitlichen Dividende mit einer expliziten, einkommensabhängigen Besteuerung. Daraus folgt, dass selbst bei einer nicht auf Steuern beruhenden Finanzierung das vollständige Modell eines allgemeinen Grundeineinkommens (inklusive Begleitmaßnahmen) keineswegs dazu führen muss, dass die Einkommen der Reichen weiter ansteigen.

Geringere Verwaltungskosten?

Vor diesem Hintergrund lässt sich sagen, dass die Universalität des allgemeinen Grundeinkommens offensichtlich nicht aufgrund unnötiger Freigiebigkeiten zu unüberwindlichen realen Haushaltskosten –

Grundeinkommen multipliziert mit der Bevölkerungszahl eines Landes – führen würde. Die realen Nettokosten machen lediglich einen Bruchteil dieser scheinbaren Kosten aus. Andererseits könnten damit jedoch im Vergleich zu anderen Sozialprogrammen überhöhte Verwaltungskosten einhergehen, die zu den eigentlichen Transferkosten noch hinzugerechnet werden müssen. Wenn den meisten etwas genommen und allen etwas ausgezahlt wird, führt dies zu einem Hin-und-Her zwischen Steuerzahlern und öffentlicher Hand, das kostenaufwendiger ist als bei zielgruppenorientierten und bedürftigkeitsgeprüften Mindestsicherungsprogrammen.

Dieser Unterschied würde sicherlich dann ausschlaggebend sein, wenn das Grundeinkommen tatsächlich jede Woche den Empfängern sicher und persönlich zu Hause ausgehändigt werden müsste. Da heutzutage die Kosten regelmäßiger Überweisungen dank moderner Informationstechnologien im Grunde nahezu vernachlässigt werden können, liegt das eigentliche Problem der administrativen Kosten im Zusammenhang mit einem Transferleistungsprogramm an anderen Stellen. In einem herkömmlichen System entstehen diese Ausgaben in erster Linie, weil die Anspruchsberechtigten informiert werden müssen, um sicher zu stellen, dass das Geld ihnen auch tatsächlich zufließt, und weil zudem eine Kontrolle notwendig ist, um zu vermeiden, dass es Nichtanspruchsberechtigten zugute kommt. Angesichts dieser beiden Kostenfaktoren bietet das allgemeine Grundeinkommen nach Ansicht seiner Befürworter einen entscheidenden Vorteil.

Zum einen haben mehrere Studien, in denen universelle und zielgruppenorientierte Sozialleistungssysteme miteinander verglichen werden, deutlich gemacht, dass universelle Grundleistungen die ärmsten Bevölkerungsschichten besser erreichen (Atkinson 1993). Dies hat damit zu tun, dass zum Erhalt von Sozialleistungen, die nicht automatisch ausgezahlt werden, eine gewisse Eigeninitiative notwendig ist, die viele Anspruchsberechtigte – aus Scham, Zurückhaltung oder Unwissenheit – in der Regel nicht oder nicht konsequent genug erbringen. Will man im Falle einer an bestimmte Bedingungen geknüpften Einkommensgarantie – und folglich auch im Falle komplizierterer Einkommensunterstützungen, die auf mehreren Kriterien beruhen – bei den Nettoempfängern dieselbe Quote der

Inanspruchnahme (*take-up rate*) erreichen wie im Rahmen einer entsprechenden, allen zustehenden Leistung, können die personellen und administrativen Kosten der dazu erforderlichen Aufklärungs- und Sensibilisierungskampagne beträchtlich sein. Bei einem allgemeinen Grundeinkommen erfordert die automatische Auszahlung der Sozialleistung keinen besonderen Verwaltungsaufwand. Außerdem kann ein Basiseinkommen, auf das alle Mitglieder einer Gesellschaft ein Anrecht haben, nicht als erniedrigend empfunden werden. Die Vereinfachung, die durch ein Grundeinkommen möglich wird, sowie dessen regelmäßige und allgemeine Auszahlung sollte mithin dafür sorgen, dass die Zahl derjenigen, die es versäumen, diese Leistung zu beantragen, gegen Null geht, wobei gleichzeitig die Informationskosten sehr niedrig sind.

Zu den Informationskosten im Rahmen traditioneller Sozialsysteme kommen noch Verwaltungskosten hinzu, wenn die Bedingungen zum Erhalt dieser Leistungen, wie die Einkünfte aus anderen Quellen, die Haushaltsgröße oder die Arbeitsbereitschaft, verlässlich kontrolliert werden sollen.

Solange die leistungsberechtigten, bedürftigen Haushalte nur eine verschwindend geringe Minderheit ausmachen, fallen diese Kosten nicht weiter ins Gewicht. Sie können jedoch ein abschreckend hohes Niveau erreichen, wenn die Zahl derjenigen, die Anspruch auf eine an spezifische Bedingungen geknüpfte Sozialleistung haben, wächst – sei es, weil der Anteil der Bevölkerung, der zu den untersten Einkommensschichten zählt, steigt oder weil die Transfergrenze (*break even point*) deutlich oberhalb des garantierten Mindesteinkommens liegt (vgl. die Varianten der Negativsteuer, Graphik 3, S. 52).

Unter den heutigen technischen Bedingungen steht es vollkommen außer Frage, dass – unabhängig vom jeweiligen Grad der damit erreichten Reduzierung der Einkommensarmut – das allgemeine Grundeinkommen mit geringeren Verwaltungskosten verbunden ist als dies bei Einkommenshilfen der Fall ist, die an spezifische Anspruchsbedingungen geknüpft sind. Die von manchen Befürwortern des Grundeinkommens aufgestellte Behauptung, dass die Einführung eines Bürgergeldes im Grunde ein Sozialleistungssystem ohne jede Bürokratie begründe, ist allerdings übertrieben. Ein Grundeinkommen auf einem niedrigen Leistungsniveau würde sicherlich zu einer deutlichen Vereinfachung der Einkommensbesteuerung führen und die Streichung zahlreicher geringerer bzw. gleich hoher Leistungen gestatten. Es müsste jedoch für einen Teil der gegenwärtigen Leistungsempfänger durch Fürsorgeleistungen mit Bedürftigkeitsprüfung und natürlich auch durch Sozialversicherungssysteme ergänzt werden, die zwar umgestaltet werden müssten, jedoch weiter ihre Existenzberechtigung behielten.

Billiger ohne Gegenleistung?

Das allgemeine Grundeinkommen ist mithin alles andere als eine Armutsbekämpfung nach dem Gießkannenprinzip, bei der wertvolle Steuermittel durch zielungenaue, allzu großzügige Leistungen verschwendet werden. Vielmehr handelt es sich um ein System, mit dem sich zuverlässiger und mit einem geringeren Verwaltungsaufwand als bei herkömmlichen Einkommensgarantien alle bedürftigen Bevölkerungsschichten erreichen lassen. Dieser Vorteil beruht nur auf einem der Merkmale des Grundeinkommens, nämlich auf dem Umstand, dass es ohne Bedürftigkeitsprüfung ausgezahlt wird. Ist es aber nicht dennoch so, dass das Grundeinkommen aufgrund der nicht geforderten Gegenleistung teurer ist als die an Bedingungen geknüpften herkömmlichen Programme, weil bei ihnen statt mit Müßiggang damit gerechnet werden kann, dass die Empfänger eine Arbeit aufnehmen? Auch hier sollte man sich nicht vorschnell von zweifelhaften Gewissheiten verleiten lassen.

Angenommen, die vorgeschriebene Gegenleistung ist als die Pflicht ausgestaltet, eine von einem öffentlichen oder privaten Arbeitgeber angebotene Beschäftigung anzunehmen. Wenn der Arbeiter dann aus Gründen, die bei ihm selbst oder beim Arbeitsplatz liegen, nicht von sich aus, also nicht ohne behördliche Verpflichtung, bereit wäre, diese Beschäftigung auf Dauer auszuüben, dürfte auch die erwartbare Produktivität nicht ausreichen, um den Arbeitgeber zu einer Einstellung bzw. Dauerbeschäftigung des Arbeiters zu veranlassen. Der Arbeiter würde daher unfreiwillig arbeitslos und hätte Anspruch auf eine Mindestsicherung. Im Vergleich zu einem Grundeinkommen, das dergleichen Bedingungen nicht kennt, werden demnach keineswegs Einsparungen erzielt, sondern sogar zusätzlich Ausgaben verursacht, da Arbeitgeber und Arbeitnehmer Zeit und Energie für Einstellung und Entlassung vergeuden.

Darüber hinaus wäre jedoch auch ein verschärftes Szenario denkbar, bei dem die Arbeitsverpflichtung mit einer Verpflichtung der öffentlichen Hand verbunden ist, immer dann im Notfall als Arbeitgeber einzuspringen, wenn kein anderer privater oder öffentlicher Arbeitgeber einen Arbeitsplatz anbieten will. In diesem Fall weist der Staat all jenen, die besonders schwer vermittelbar bzw. besonders arbeitsunwillig sind, eine Stelle zu, die so unattraktiv sein muss, dass dadurch keine Verdrängungseffekte am normalen Arbeitsmarkt auftreten. Die Wahrscheinlichkeit, dass angesichts der Kosten, die mit den Beschäftigungs- und Ausbildungsstrukturen sowie der Kontrolle und Schlichtung von Streitfällen einhergehen, diese erzwungene Beschäftigung von Erwerbspersonen, die entweder wegen mangelnder Qualifikation oder aufgrund fehlender Motivation besonders schwer vermittelbar sind, zu einer negativen Produktivität führt, dürfte wohl noch größer sein als im Falle einer weniger strengen Regelung. Abgesehen von den langfristigen Negativfolgen für die Arbeitsmoral der so rekrutierten Arbeitskräfte und für das Image des öffentlichen Sektors könnten die Nettokosten eines solchen *Workfare*-Regimes an die Kosten für die Verwahrung eines Strafgefangenen heranreichen. In jedem Fall lägen sie deutlich höher als die Kosten, die durch die bedingungslose Auszahlung eines Grundeinkommens entstünden. So wenig wie viele seiner Kritiker (Handler 2004) geben sich auch die eher aufgeklärten Befürworter eines *Workfare*-Regimes Illusionen hin (Kaus 1992): Die Empfänger einer garantierten Mindestsicherung zu einer Beschäftigung zu zwingen, ist mit hohen Kosten verbunden. Wenn eine solche Verpflichtung gerechtfertigt ist, so möglicherweise aus unmittelbar moralischen Erwägungen (vgl. III.3), nicht jedoch aus Gründen der Kosteneinsparung.

Unvermeidliche Mehrkosten durch eine individuelle Leistungsbewilligung

Aus den bisherigen Überlegungen ergibt sich, dass, wenn man erst einmal die Fehlannahmen über Haushalts- und Kosteneffekte ausgeräumt hat, ein Grundeinkommen, das allen, selbst dem wohlhabenden bzw. dem untätigen Teil der Bevölkerung zukommt, bei gleicher Wirksamkeit im Kampf gegen die Armut schließlich erheblich billiger kommen könnte als ein System mit Bedürftigkeitsprüfung und geforderter Gegenleistung.

Das allgemeine Grundeinkommen ist jedoch nicht nur in diesen beiden Hinsichten bedingungslos. Es wird auch streng individuell ausgezahlt (vgl. II.3). Eine von der Haushaltsgröße unabhängige Leistung bietet den Vorteil, dass dadurch Verwaltungskosten entfallen und das Privatleben nicht durch Hausbesuche und andere Kontrollmechanismen, mit denen die Anzahl der Haushaltsmitglieder überprüft werden kann, verletzt werden muss. Dadurch verbessert sich auch die Situation von bisher abhängigen Partnern, weil diese nunmehr unabhängig vom Haushaltseinkommen eigene Einkünfte beziehen, auf die sie kontinuierlich und auch im Falle einer Trennung Anspruch haben. Dadurch, dass diejenigen, die sich für ein Zusammenleben entscheiden, nicht durch eine Kürzung der Sozialleistung bestraft werden, werden darüber hinaus Partnerschaften gefördert, die bekanntlich eine günstige Voraussetzung dafür darstellen, das Abrutschen in prekäre Lebenslagen zu verhindern.

Diese Vorteile lassen sich nicht von der Hand weisen. Aber damit gehen auch Kosten einher. Um die Armut möglichst wirksam zu bekämpfen, berücksichtigen herkömmliche Mindestsicherungssysteme gewöhnlich die geringeren Wohnkosten, die bei einer Lebenspartnerschaft fällig werden, und kürzen die Sozialleistung der Mitbewohner entsprechend, ohne dass dadurch jedoch – zumindest nicht unmittelbar – die Wirksamkeit der Armutsvermeidung beeinträchtigt würde. Sollte jedoch von heute auf morgen ein haushaltsbezogenes System durch ein allgemeines und strikt individuell geregeltes Grundeinkommen ersetzt werden, so ergäbe sich daraus folgendes Dilemma. Wenn das Grundeinkommen auf derselben Höhe wie die bisherige Sozialleistung für Alleinstehende festgelegt würde, müssten die Steuerzahler und insbesondere Einzelhaushalte beträchtliche reale Mehrkosten in Kauf nehmen, die sowohl den Grenzsteuersatz beträfen als auch das verfügbare Einkommen. Um diese erheblichen Mehrkosten zu vermeiden, müsste das allgemeine Grundeinkommen unter dem Leistungsniveau liegen, das in den traditionellen Systemen der Sozialhilfe bisher für Alleinstehende gilt, die sonst keinerlei Einkünfte haben; deren Einkommensarmut würde sich dadurch noch verschlimmern. Durch eine schrittweise Angleichung ließe sich dieses Dilemma mildern bzw. vermeiden (vgl. IV.3). Es sollte jedoch nicht einfach verschwiegen werden.

Kostenfaktor Kumulierbarkeit

Neben der individuellen Anspruchsberechtigung gibt es ein weiteres Spezifikum, das mit dem allgemeinen Grundeinkommen in Verbindung gebracht wird und aus dem sich im Vergleich zur herkömmlichen Sozialhilfe mit denselben Sätzen durchaus erhebliche Mehrkosten ergeben können. Diese Besonderheit besteht in der Möglichkeit, Grundeinkommen und niedriges Erwerbseinkommen zu kumulieren. Diese auch bei der Negativsteuer vorgesehene Möglichkeit ist zwar streng genommen nicht Teil der Definition des allgemeinen Grundeinkommens. Sie ergibt sich jedoch aus dessen Universalität, zumindest wenn man einmal davon ausgeht, dass ein Steuersystem das Einkommen nicht sinnvoll mit einem 100-prozentigen Steuersatz belegen kann (vgl. II.4).

Im Vergleich zu herkömmlichen Systemen, bei denen faktisch eine Transferentzugsrate von 100 Prozent auf die niedrigen Zuverdienste veranschlagt wird, sinkt dieser Transferentzug sowohl beim allgemeinen Grundeinkommen als auch bei der Negativsteuer deutlich. Solange das garantierte Grundeinkommen (G in Graphik 1, S. 44 und Graphik 3, S. 52) nicht gleichzeitig herabgesetzt wird, ergibt sich daraus logischerweise, dass sich zum einen das Einkommensniveau erhöht, das innerhalb des Systems die Nettoempfänger- von den Nettozahlerhaushalten trennt (die Transfergrenze bzw. der *break even point* verschiebt sich von y+ zu y*), und dass zum anderen der Grenzsteuersatz für die Steuerzahler steigt, deren Bruttoeinkommen oberhalb des garantierten Mindesteinkommens (und damit auch oberhalb des früheren *break even point* y+) liegt. Dabei bedeutet dieser höhere Grenzsteuersatz nicht unbedingt einen Einkommensverlust. Für alle Haushalte, deren Einkommen sich zwischen dem früheren (y+) und dem neuen *break even point* (y*) bewegen, erhöht sich sowohl das Nettoeinkommen als auch der Grenzsteuersatz (Graphik 1, S. 44 und Graphik 2, S. 50). Die Hauptnutznießer dieser Reform können auch jene sein, deren Grenzsteuersatz am stärksten angehoben wird.

Was die wirtschaftlichen Kosten der Maßnahme betrifft, so ist der Unterschied zwischen dem allgemeinen Grundeinkommen und den herkömmlichen Systemen von viel grundlegenderer Bedeutung als die leicht zu erkennende Differenz der jeweiligen fiskalischen Kosten. Die Bereitschaft, seine Arbeitskraft oder einen Arbeitsplatz anzubieten, mehr zu arbeiten, eine Zusatzausbildung zu erwerben oder für eine berufliche Verbesserung einen Umzug in Kauf zu nehmen, wird durch einen höheren Grenzsteuersatz negativ beeinflusst. Genau wie wegen der individuellen Leistungsbewilligung entstehen auch hier unvermeidliche Zusatzkosten, in denen manche Ökonomen ein entscheidendes Handicap des Grundeinkommens sehen (Bovenberg/van der Ploeg 1995; Krause-Junk 1996) und die tatsächlich Zweifel am Anspruch des allgemeinen Grundeinkommens aufkommen lassen können, die Armut effizient zu bekämpfen. Auch wenn Mittel und Wege bestehen, diese Schwierigkeit abzumildern (vgl. IV.3), sollte dies ehrlicherweise Erwähnung finden. Vor allem sollte darin jedoch eine unmittelbare Konsequenz der Tatsache gesehen werden, dass mit dem Grundeinkommen im Gegensatz zur traditionellen Mindestsicherung sowohl das Problem der Armut als auch das Problem der Arbeitslosigkeit bekämpft werden soll.

2. Ein Effizientes Mittel im Kampf gegen die Arbeitslosigkeit?

Eine Alternative zur Strategie für Vollbeschäftigung?

Bisweilen wird das allgemeine Grundeinkommen als eine Alternative zur Vollbeschäftigung präsentiert (vgl. Theobald 1967; Gorz 1997;

Offe 1992; 1996; Ferry 1995; Bresson 1999). Da reguläre Erwerbsarbeit infolge der unaufhaltsamen Produktivitätssteigerung zwangsläufig tendenziell rar wird, kann der Vorschlag des bedingungslosen Grundeinkommens in einer gewissen Höhe als ein gerechter Ausgleich für einen wachsenden Anteil der heute und in Zukunft immer schwerer am Arbeitsmarkt unterzubringenden Erwerbsbevölkerung betrachtet werden. Darüber hinaus wird dadurch jedoch auch ein weiter gefasster Begriff legitimer Betätigung anerkannt. In dieser Hinsicht ist es von ganz zentraler Bedeutung, dass die Bereitschaft, eine Erwerbsarbeit anzunehmen, nicht verpflichtend vorgeschrieben ist. Die Kumulierbarkeit mit Erwerbseinkommen spielt dagegen im Grunde keine Rolle, da die Teilnahme an der Arbeitswelt nicht länger als vorrangig anzusehen ist.

Viele andere Befürworter des allgemeinen Grundeinkommens und ähnlicher Maßnahmen sehen darin jedoch nicht so sehr eine Alternative zu einem Recht auf Arbeit, sondern angesichts gegebener Umstände einen wesentlichen Beitrag zu dessen Realisierung (vgl. Tobin et al. 1967; Meade 1988; Scharpf 1993; Mitschke 1997). Dazu ist gerade die Kumulierbarkeit mit anderen Einkommen von grundlegender Bedeutung. Dadurch, dass die traditionellen Sozialsysteme vor allem auf die Erwerbslosen abheben bzw. Erwerbseinkommen bis zu einem gewissen Niveau ergänzen, tragen sie natürlich zur Verringerung der Armut bei. Sie verschärfen jedoch parallel dazu eine Arbeitslosigkeitsfalle, weil sie all jene, die bei ihrer Arbeitssuche erfolgreich sind, stark belasten. Die Zuverdienste durch eine gering entlohnte Erwerbstätigkeit werden im Zuge der entsprechenden Anrechnung bzw. Kürzung der Entgeltersatzleistungen bzw. der Einkommenshilfen zum Teil mehr als aufgezehrt. Daher kann der herkömmliche Wohlfahrtsstaat zu Recht als »passiv« bezeichnet werden, weil seine Leistungen in erster Linie den »Erwerbslosen« zufließen, die darüber hinaus geradezu in Arbeitslosigkeit gehalten werden.

Verschwindet die Arbeitslosigkeitsfalle?

Demgegenüber wird mit der Einführung des allgemeinen Grundeinkommens – ähnlich wie mit der Negativsteuer (vgl. Graphik 1, S. 44

und Graphik 3, S. 52) – das Ziel eines »aktivierenden« Sozialstaates verfolgt (vgl. IV.2). Dabei geht es jedoch nicht darum, den Bezug traditioneller Sozialleistungen – Stichwort: *workfare* – an verschärfte Bedingungen zu knüpfen. Vielmehr soll sichergestellt werden, dass selbst bei einer Beschäftigung im Niedriglohnsektor das Nettoeinkommen im Vergleich zur Arbeitslosigkeit verbessert werden kann. Da das Grundeinkommen unabhängig von einer Arbeitstätigkeit in voller Höhe behalten werden kann, verbessert sich die finanzielle Situation beim Antritt einer Beschäftigung: Arbeit »lohnt sich«, und da hier das Grundeinkommen an die Stelle einer bedingten Sozialleistung tritt, verschwindet die Falle von Abhängigkeit, Arbeitslosigkeit und gesellschaftlicher Ausgrenzung.

Der Versuch, in den Köpfen der Empfänger eines Mindesteinkommens entsprechende Anreize zu schaffen, ergibt sich nicht etwa aus der Unterstellung, dass die Arbeitslosigkeit letztlich selbst verschuldet sei. Zum einen lässt sich die Arbeitslosigkeit derjenigen, die sich angesichts der Kosten und Risiken, die mit den für sie erreichbaren Jobs verbunden sind, im Grunde gar nicht erlauben können, arbeiten zu gehen, schwerlich als »selbst verschuldet« bezeichnen. Zum anderen ist die Arbeitsproduktivität der Inhaber von Billigjobs, die den Beschäftigten keinerlei Einkommenszuwächse bieten, zu gering, als dass Betriebe sie selbst ohne Mindestlohnvorgaben überhaupt anbieten würden.

Warum die Arbeitslosigkeitsfalle immer häufiger zuschnappt

Im Laufe der Jahre und Jahrzehnte ist – durch die zyklischen Schwankungen der Wirtschaft nicht immer sichtbar – der Anteil der aktiven Erwerbsbevölkerung, deren potenzielles Primäreinkommen unterhalb der Einkommensgarantie liegt, ständig gewachsen. Und auch für die Zukunft ist keine Besserung in Sicht. Dafür lassen sich sicherlich mehrere Ursachen anführen, von denen eine jedoch Ausschlag gebend zu sein scheint (Wood 1994).

Auch wenn die Liberalisierung der Handelsbeziehungen insgesamt zu einem Wachstum des Bruttoinlandsprodukts (BIP) der jeweiligen Handelspartner führt, wirkt sie sich im Einzelnen doch sehr unterschiedlich aus. Während diejenigen, die über knappe Faktoren (Kapital, Qualifikationen) verfügen, dank der erweiterten Märkte ihre Einkommen steigern können, stehen diejenigen mit geringerem Marktwert (gering qualifizierte Arbeitskraft) in Konkurrenz zu noch schlechter entlohnten Arbeitnehmern.

Ein Resultat dieses Phänomens – zu dem noch andere, zum Teil unabhängige Entwicklungen hinzutreten, die beispielsweise mit dem technologischen Fortschritt, der wachsenden Frauenerwerbstätigkeit oder der Privatisierung großer Staatsunternehmen zu tun haben – besteht darin, dass seit den sechziger Jahren bei einer annähernden Verdoppelung des Pro-Kopf-Einkommens, zumindest in Westeuropa, eine allgemeine Erhöhung der unfreiwilligen Arbeitslosigkeit im weiteren Sinne einherging, d.h. eine Verringerung des Anteils der Erwerbsbevölkerung, die über ein Primäreinkommen verfügt, das (nach Steuern und Sozialbeiträgen) zumindest so dem Niveau der durch den Sozialstaat eingeräumten Transferleistungen entspricht.

Subventionierung des Niedriglohnsektors?

Im Zusammenhang mit der Bekämpfung der Arbeitslosigkeit lässt sich das allgemeine Grundeinkommen folglich als ein Mittel zur Abschaffung bzw. Entschärfung der Exklusionsfalle begreifen. Aber man kann darin genau so gut eine Form der Subventionierung von Arbeitsplätzen mit geringer Produktivität sehen. Natürlich könnten diese auch direkter bezuschusst werden, etwa durch eine Ermäßigung der Sozialbeiträge im Niedriglohnbereich oder eine Subventionierung des Stundenlohnes unterhalb eines bestimmten Niveaus (vgl. Phelps 1997). Die gegenwärtig gängigste Maßnahme in diesem Bereich, die auch die größte Ähnlichkeit mit dem allgemeinen Grundeinkommen aufweist, sind die so genannten Kombilohn-Modelle für Geringverdiener, wie beispielsweise der EITC in den Vereinigten Staaten oder auch der französische Beschäftigungszuschuss *Prime pour l'emploi* (vgl. II.4). Auf den ersten Blick scheint eine solche Maßnahme das Gegenteil eines bedingungslosen Grundeinkommens zu sein. Im Rahmen einer bereits bestehenden herkömmlichen Einkommensgarantie kann sie allerdings auf die Nettoeinkommensverteilung und damit auch auf die Beschäftigungsanreize eine ähnliche Wirkung entfalten wie ein bescheiden bemessenes Grundeinkommen unterhalb des Sozialhilfesatzes (vgl. II.4).

Ähnlich wie die Negativsteuer kann also das allgemeine Grundeinkommen als ein Mittel verstanden werden, einen Teil der Entlohnung der Geringverdiener kollektiv zu finanzieren. In den Augen jener, die das Grundeinkommen mit einer solchen Zielsetzung verbinden, führen technologische Entwicklung und Globalisierung nicht zwangsläufig zum Arbeitsplatzverlust gering qualifizierter Arbeitnehmer. Dies geschieht lediglich in einem institutionellen Kontext, in dem nur solche Beschäftigungsverhältnisse rentabel sind, deren Produktivität den Arbeitnehmern einen akzeptablen Lebensstandard und ihren Arbeitgebern einen Gewinn verschafft. Dies muss aber nicht zwangsläufig so sein, wenn die Institutionen im Sinne einer durchgehenden Subventionierung des Niedriglohnsektors an Stelle der bloßen Alimentierung von Erwerbslosigkeit umgestaltet werden. Das tun auf ihre Art sowohl das Grundeinkommen als auch die Negativsteuer oder Kombilohn-Modelle wie der EITC.

Allgemeines Grundeinkommen und Mindestlohn

Bedeutet die Einführung eines allgemeinen Grundeinkommens zwangsläufig das Ende des Mindestlohnes, wie manche befürchten (Clerc 2003)? Falls das Grundeinkommen deutlich unterhalb des Mindestlohnes (vgl. II.1) liegt, käme niemand ernsthaft auf den Gedanken, diesen im Anschluss an die Einführung eines Grundeinkommens einfach abzuschaffen. Grundsätzlich wäre es jedoch nicht skandalös, den Nettomindestlohn um die Höhe des Grundeinkommens zu kürzen. An der finanziellen Situation der Haushalte, von denen alle Mitglieder einer Vollzeitbeschäftigung nachgehen, würde sich dadurch nichts ändern, während die übrigen Haushalte besser gestellt würden. Prinzipiell könnten damit derzeit unrentable Arbeitsplätze im Niedriglohnsektor rentabel werden, vorausgesetzt, dass diese qualitativ hinreichend attraktiv sind.

Wird das Grundeinkommen jedoch über die Besteuerung der Einkommen bzw. des Konsums finanziert, sollte man sich keinen Illusionen hingeben. Natürlich ist es legitim, den *Netto*mindestlohn um den Betrag des Grundeinkommens zu kürzen. Angesichts der expliziten Besteuerung der unteren Einkommensschichten als zwangsläufige Folge der Einführung eines Grundeinkommens würde dadurch jedoch kein erkennbarer Spielraum zur Verringerung des *Brutto*lohnes und mithin zur Senkung der Kosten entstehen, die ein Arbeitgeber für einen Vollzeitarbeitsplatz aufzubringen hat.

Das bedeutet nicht, dass in diesem Fall überhaupt kein spürbarer Effekt des allgemeinen Grundeinkommens auf die Nachfrage am Arbeitsmarkt zu erwarten ist. Die Wirkung dürfte sich vielmehr vor allem im Bereich der Teilzeitarbeitsplätze positiv bemerkbar machen und wäre folglich auch nicht an eine Kürzung oder gar Abschaffung des Mindestlohnes gekoppelt.

Eine behutsame Technik der Arbeitsumverteilung?

Als Strategie im Kampf gegen die Arbeitslosigkeit lässt sich das allgemeine Grundeinkommen darüber hinaus auch als eine behutsame Technik der Arbeitsteilung verstehen. Wenn es nicht genug Beschäftigung für alle gibt, ist die Versuchung groß, die Arbeitszeit der (gegebenenfalls mehr als) Vollzeitbeschäftigten zugunsten der Erwerbslosen zu reduzieren. Wer Wirtschaftsprozesse jedoch nicht einfach arithmetisch analysiert, wird darin ein viel problematischeres Verfahren sehen, als es auf den ersten Blick den Anschein hat, zumal wenn aus dessen allgemeiner Anwendung keine Ungerechtigkeiten erwachsen und es gleichzeitig eine messbare Wirkung zeitigen soll.

Die behutsamere Technik zur Arbeitsumverteilung, die durch ein Grundeinkommen möglich wird, besteht darin, dass die Kosten, die ein Arbeitnehmer durch eine freiwillige Kürzung der Arbeitszeit zu tragen hat, sinken und dass Teilzeitaktivitäten, die bisher aufgrund einer Entlohnung unterhalb des Sozialhilfesatzes den Lebensunterhalt nicht zu sichern vermögen, rentabel werden. Im Gegensatz zu einer gesetzlich oder tariflich verordneten Absenkung der Höchstarbeitszeit bietet sie den Vorteil, dass dadurch der vom Arbeitgeber erwartete produktive Nutzen von qualifizierten und leistungsbereiten Mitarbeitern nicht verloren geht

Einkommenssockel statt soziales Netz?

Diese drei Wirkungen eines allgemeinen Grundeinkommens auf die Arbeitslosigkeit gelten ebenfalls für die Negativsteuer (II.4). Jeder einzelne dieser Aspekte ergibt sich letztlich aus der Kumulierbarkeit des Grundeinkommens bzw. der einheitlichen Steuergutschrift mit anderen Einkünften. Ein weiterer Aspekt ist dagegen allein beim allgemeinen Grundeinkommen zu beobachten und hat damit zu tun, dass hier die Bedürftigkeit keinerlei Kontrolle unterzogen wird.

Verschiedene empirische Studien (Delvaux/Cappi 1990; Jordan et al. 1992) haben dargelegt, dass die Einkommensdifferenz zwischen Sozialhilfe und Erwerbseinkommen, also der monetäre Anreiz bzw. die monetäre Entmutigung, nicht der einzige Faktor ist, der Sozialhilfeempfänger in der Arbeitslosigkeitsfalle gefangen hält. Ebenso ausschlaggebend sind psychologische Faktoren der Entmutigung, nämlich weil die Situation, in der sich die Empfänger nach dem Verlassen des Sozialleistungsbezugs befinden werden, ungewiss ist. Denn der Zugang zu einer Erwerbsarbeit wird durch die Charakteristika der gering qualifizierten Arbeitsverhältnisse – d.h. geringfügige Beschäftigung, nicht immer verlässliche Arbeitgeber, ungewisse Entlohnung – selbst erschwert. In Anbetracht dessen mag es riskant erscheinen, auf ein an spezifische Bedingungen geknüpftes Sozialeinkommen zu verzichten, da doch die Vorteile, die man sich von der Wiedereingliederung in den Arbeitsmarkt verspricht, ungewiss sind. Die Angst, den Anforderungen nicht zu genügen, seinen Arbeitsplatz bald wieder zu verlieren und im Anschluss daran vor erneutem Bezug von Sozialhilfe wieder komplizierte und letztlich ungewisse Behördengänge auf sich nehmen zu müssen, kann zu einem Rückzug in den dauerhaften Sozialhilfebezug führen. Selbst wenn die Wahrscheinlichkeit nicht sonderlich hoch ist, kann allein der Gedanke an eine Verschuldungsspirale von Menschen, denen es an den Voraussetzungen fehlt, um das oft undurchsichtige Regelwerk zu kennen, zu verstehen und für sich in Anspruch zu nehmen, als eine beträchtliche Bedrohung empfunden werden.

In dieser Hinsicht bietet das allgemeine Grundeinkommen, das allen ungeachtet ihrer familiären Situation und ihrer sonstigen Ressourcen zusteht, auch geringfügig Beschäftigten den immensen Vorteil eines Einkommenssockels, auf dem sich aufbauen lässt. Egal was geschehen mag, ein jeder kann sich seines Anspruchs auf ein minimales Grundeinkommen gewiss sein – entweder als eine Ergänzung zum Erwerbseinkommen oder als alleinige Grundsicherung. Auch wenn Grundeinkommen und Negativsteuer faktisch auf dasselbe Nettoeinkommen hinauslaufen, entfalten sie im Kampf gegen die Arbeitslosigkeit nicht dieselbe Wirkung. Dafür haben Sozialarbeiter oft ein größeres Gespür als Ökonomen, die oftmals lediglich den abstrakten Gesamthaushalt im Blick haben, der bei einem Grundeinkommen und einer Negativsteuer gleich hoch ist und bei dem der rationale Arbeitnehmer zwischen Konsum und Freizeit angeblich souverän entscheidet.

3. Ein optimales Instrument

Maximierung der Beschäftigung?

Im vorigen Abschnitt wurde gezeigt, warum das allgemeine Grundeinkommen im Gegensatz zu herkömmlichen Systemen der Grundsicherung den Anspruch erhebt, sowohl Arbeitslosigkeit als auch Armut zu bekämpfen. Inwiefern lässt sich daraus jedoch schließen, dass es sich um ein eindeutig optimales Mittel zur Armutsbekämpfung handelt? Um diese Frage zu beantworten, bedarf es – explizit oder implizit – eines allgemeinen Bewertungsprinzips, das sowohl der Verringerung der Arbeitslosigkeit als auch der Reduzierung von Armut Rechnung trägt.

Denkbar wäre etwa ein Prinzip, das darauf beruht, dass einerseits ein minimales Konsumniveau für alle garantiert und andererseits aufgrund der Bedeutung der Erwerbsarbeit das Beschäftigungsvolumen maximiert wird. Im Falle eines derartigen Kriteriums hätte das allgemeine Grundeinkommen trotz seiner beschäftigungsfördernden Wirkung, welche die der herkömmlichen Mindestsicherung übersteigt, keine Aussicht, als optimale Lösung anerkannt zu werden. Eine Kombination aus einem bedingten Mindesteinkommen und einer massiven Bezuschussung des Niedriglohnsektors – etwa in Gestalt einer Lohnkostensubvention für Unternehmen nach der Zahl der Vollzeitbeschäftigten unterhalb eines bestimmten Lohnniveaus (Phelps 1997) – wäre in dieser Hinsicht ein weitaus effizienteres Maßnahmenpaket.

Ein Grundeinkommen schafft zwar die Grundlage dafür, dass Arbeitsplätze im Niedriglohnsektor angeboten und angenommen werden. Diese finden jedoch nur dann Interessenten, wenn sie auch akzeptable Arbeitsbedingungen bieten, den Erwerb zusätzlicher Qualifikationen erlauben oder weitere Aufstiegsperspektiven eröffnen, nicht dagegen unter unwürdigen und deklassierenden Arbeitsbedingungen ohne Zukunftsperspektiven. Das Grundeinkommen wirkt nicht um jeden Preis beschäftigungsfördernd. Mithin lässt es sich auch nicht mittels eines Prinzips der Beschäftigungsmaximierung rechtfertigen (vgl. Kasten, Seite 82).

Allgemeines Grundeinkommen und Gelegenheitsjobs

Unter den Beschäftigungsverhältnissen, die wirtschaftlich gesehen nur eine geringe Produktivität aufweisen und daher auch nur gering entlohnt werden, sollten weder der Gesetzgeber noch die Arbeits- und Sozialverwaltung zwischen zumutbaren und unzumutbaren Arbeitsplätzen unterscheiden dürfen, weil allein die Arbeitnehmer die vielfältigen Aspekte einer Beschäftigung beurteilen können, die sie (eventuell) ausüben (werden). Auch wenn sie fast immer erkennen können, ob es sich um eine zumutbare oder eine inakzeptable Arbeit handelt, können sie letztere nicht immer ablehnen, vor allem wenn sie nur gering qualifiziert sind oder die tariflichen Schutzmechanismen nicht greifen.

Während das Grundeinkommen aufgrund der fehlenden Bedürftigkeitsprüfung und der damit einhergehenden Möglichkeit der Einkommenskumulierung den Weg zu einer Beschäftigung im Niedriglohnsektor ebnet, gewinnen die sozial schwächsten Erwerbstätigen eine gewisse Verhandlungsmacht, die es ihnen gestattet, Beschäftigungsverhältnisse ohne Zukunftsperspektiven abzulehnen, weil sie im Rahmen des Grundeinkommens zu keiner Gegenleistung verpflichtet sind. Anders ausgedrückt: Dadurch, dass das allgemeine Grundeinkommen allen zukommt, wirkt es wie eine Bezuschussung von Arbeitsplätzen mit geringer Produktivität, wohingegen seine Bedingungslosigkeit verhindert, dass es als Subventionierung deklassierender Beschäftigungsverhältnisse wirkt. Die erste Besonderheit ist insofern von Bedeutung, als sie eine Verstärkung der Exklusionsfalle, und die zweite, weil sie das Entstehen einer Inklusionsfalle verhindert.

Maximierung des Bruttoinlandsprodukts?

In den Augen der Anhänger des Grundeinkommens ist eine solche Schlussfolgerung nicht weiter beunruhigend, da die Ansicht, Beschäftigungsmaximierung sei ein Wert an sich, ihrer Meinung nach kaum zu vertreten ist. Im Gegenzug müssen sie allerdings eine alternative Rechtfertigung vorlegen. Dabei könnte etwa argumentiert werden, dass von einem rein wirtschaftlichen Standpunkt aus das Grundeinkommen in puncto Armutsvermeidung alles in allem am kostengünstigsten ausfällt. Eine Verminderung der Arbeitslosigkeit mag dabei durchaus ebenso relevant sein. Das liegt allerdings weniger daran, dass dieser Effekt an sich von Bedeutung wäre. Vielmehr ist er einer der Faktoren, die die kurz- und langfristigen Realkosten der verschiedenen Politik-Varianten bestimmen.

Im Gegensatz zu den herkömmlichen Sozialsystemen hat das allgemeine Grundeinkommen durchaus den Anspruch, die Arbeitslosenquote zu senken. Insofern besitzt es eine Trumpfkarte, mit der es den weiter oben bereits angesprochenen (III.1) ernst zu nehmenden Einwand entkräften kann, die gesteigerten Grenzsteuersätze, die dann die meisten Arbeitnehmer treffen würden, könnten die Wirtschaftsentwicklung nachhaltig beeinträchtigen. Die positive Wirkung bliebe dann eher unbedeutend, wenn sie darauf beschränkt wäre, Erwerbspersonen mit im herkömmlichen Verständnis geringer Produktivität einfach nur in Arbeit zu bringen. Hingegen schließt sie aber auch den Erhalt und den Ausbau des Humankapitals der Arbeitnehmer ein, die unter den Bedingungen der Exklusionsfalle sowohl Entqualifikations- als auch Entmutigungsprozessen unterworfen wären.

Neben dieser ersten positiven Wirkung, die man wohl von dem allgemeinen Grundeinkommen erwarten darf, ist eine zweite Wirkung zu erwähnen. Sie hat damit zu tun, dass der Rückgang der Arbeitslosenzahlen ebenso darauf zurückzuführen ist, dass das Grundeinkommen auf eine Arbeitsverteilung hinwirkt. Dieser zweite Effekt ergibt sich aus der sicheren Einkommensbasis, die das Wechseln zwischen den Sphären der Erwerbsarbeit, der Familienarbeit und der Ausbildungsarbeit erleichtert. Dadurch, dass es für alle einfacher wird, bei einer Erwerbstätigkeit kürzer zu treten oder diese zu unterbrechen, um sich stattdessen familiären Pflichten zu widmen, eine Zusatzqualifikation zu erwerben oder sich umzuorientieren, verringert sich auch das Risiko, dass qualifizierte Arbeitnehmer weit vor dem Rentenalter ihre Arbeitsenergien irreversibel aufbrauchen oder dass ihre Qualifikationen veralten. Ein etwas flexiblerer und stressfreierer Arbeitsmarkt könnte sich so gesehen in Bezug auf die Bildung und Bewahrung von Humankapital als deutlich produktiver erweisen als ein Markt, der einer ridgiden Abschottung zwischen den verschiedenen Lebenssphären unterworfen ist.

Dieser positive Effekt betrifft nicht allein das Humankapital der heutigen Erwerbsgeneration, sondern auch das ihrer Kinder. Wie von den anderen Formen zur Sicherung des Familieneinkommens ist auch beim allgemeinen Grundeinkommen mit einer positiven Wirkung auf die Gesundheit und die schulische Ausbildung der Kinder zu rechnen. Zwei weitere Erwägungen drängen sich auf. Dadurch, dass die Exklusionsfalle durch die Einführung eines Grundeinkommens verschwindet, können Familien, die bisher völlig außerhalb des

Erwerbslebens standen, wieder an die Arbeitswelt herangeführt werden. Außerdem können sich Eltern durch ein einfacheres Hinüberwechseln zwischen Berufs- und Familienarbeit gegebenenfalls leichter ihren Kindern widmen.

Diese verschiedenen kurz- und längerfristigen Wirkungen auf das Humankapital einer Gesellschaft sind potenziell von großer Bedeutung und könnten die wirtschaftlichen Kosten, die mit der Einführung eines allgemeinen Grundeinkommens verbunden sind, reduzieren, ja sogar in einen Nettogewinn umwandeln. Andernfalls wäre nur schwer zu verstehen, warum diese Maßnahme bisweilen als ein zentraler Bestandteil eines »neuen Gesellschaftsvertrages« präsentiert wurde, der sowohl Sicherheit als auch erhöhte Flexibilität beinhaltet und dessen Partner daher alle gleichermaßen davon profitieren (Standing 1986; 1999; Van Parijs 1990). Allerdings wäre es allzu kühn, kategorisch zu behaupten, dass das allgemeine Grundeinkommen unter dem Strich der kostengünstigste Weg zur Armutsbekämpfung sei, d.h. dasjenige Mittel, mit dem der geringste negative bzw. der höchste positive Effekt auf das Sozialprodukt zu erwarten ist. Aber selbst wenn eine solche Behauptung möglich wäre, stellt sich in einer viel umfassenderen Hinsicht die Frage, warum das maximale Wachstum des Konsums – wobei nur dafür gesorgt sein muss, dass alle die mehr oder weniger willkürlich festgelegte Schwelle der Einkommensarmut überwinden – das einzige Ziel sein soll, an dem sich alle sozialpolitischen Maßnahmen messen lassen müssen?

Allgemeines Grundeinkommen als Notbehelf

Als Antwort auf diese letzte Frage ließe sich – wie es etwa die Theorie der optimalen Besteuerung tut (Mirrlees 1971; Jacquet 2003) – die Maximierung des Sozialprodukts durch den Maßstab der Wohlstandsmaximierung ersetzen. Tatsächlich würde eine solche Rechtfertigung des Grundeinkommens jedoch von ausgesprochen ungesicherten Hypothesen ausgehen. Vor allem könnte sie kaum den häufig angeführten und schwer zu widerlegenden grundsätzlichen Einwand, »es ist ungerecht, wenn erwerbsfähige Menschen von der Arbeit anderer leben« (Elster 1986: 719), entkräften.

Um zu einer wirklichen Rechtfertigung des allgemeinen Grundeinkommens zu gelangen, ist es also notwendig, sich von vornherein auf eine kohärente und explizite Gerechtigkeitsvorstellung zu berufen, die dem Umverteilungsgedanken zentrale Bedeutung beimisst. Das tun vor allem die »pragmatischen« Verfechter des Grundeinkommens (Barry 1994; 1996; White 1996; 2003), die von einer Gerechtigkeitskonzeption ausgehen, bei der denjenigen, die sich gegen eine Erwerbstätigkeit entscheiden, das Recht auf ein Sozialeinkommen abgesprochen wird, wobei letztendlich unter bestimmten Bedingungen der Anspruch auf ein Grundeinkommen behelfsweise doch als gerechtfertigt gilt. Drei Beispiele:

1. Eine Arbeitsverpflichtung ist nur dann zulässig, wenn ein wirkliches Recht auf Arbeit besteht. Die mit einer derartigen Maßnahme verbundenen Nettokosten könnten allerdings ein solches Niveau erreichen (vgl. III.1), dass für die arbeitende wie für die nicht arbeitende Bevölkerung die Einführung eines bedingungslosen Einkommens in bescheidener Höhe schlicht kostengünstiger ist. Eine Koppelung dieses Einkommens an bestimmte Gegenleistungen wäre zwar die gerechtere Lösung. Die Bedingungslosigkeit führt jedoch zu einem Zustand, den die Ökonomen »Pareto-Optimum« nennen: Manche werden besser gestellt, ohne dass andere dabei schlechter gestellt würden.

2. Arbeitsunfähigkeit ist oftmals weniger mit einer physischen oder mentalen Unfähigkeit verbunden als mit einer psychologischen. Allerdings ist es nicht leicht, diese von einer fehlenden Arbeitsbereitschaft zu unterscheiden. In Anbetracht unvollkommener Information ist der Versuch, sich so eng wie möglich an Gerechtigkeitsprinzipien zu halten, manches Mal eher eine Quelle noch größeren Unrechts. Damit Kranke, die man sonst fälschlicherweise für arbeitsscheu halten könnte, nicht zu Unrecht benachteiligt werden, lässt sich auch hier ein bescheidenes Sozialeinkommen als das letztlich kleinere Übel rechtfertigen.

3. Ein beträchtlicher Teil der Familien- und Erziehungsarbeit wird nicht entlohnt. Natürlich wäre eine Form der direkten Entlohnung dieser Arbeit denkbar (Leipert/Opielka 1998; Krebs 2000). Ein solches »Erziehungsgehalt« ist jedoch nicht unproblematisch, insofern dadurch die Frauen dauerhaft von einer Erwerbstätigkeit abgehalten

würden, die Unterscheidung zwischen den Geschlechterrollen innerhalb der Familie sich verstärken würde und die dann von der öffentlichen Hand entlohnte Familienarbeit einer Aufsicht unterzogen werden müsste. Angesichts dieser Einwände erscheint ein allgemeines Grundeinkommen auch in diesem Fall als das kleinere Übel. Natürlich hätten dadurch einige Personen, die keiner Erwerbsbeschäftigung nachgehen möchten, ein höheres Einkommen als ihnen gemäß einer Gerechtigkeitskonzeption, die die Verhältnismäßigkeit von Leistung und Einkommen in den Mittelpunkt rückt, angesichts ihrer (geringen) Familienarbeit eigentlich zustünde. Andererseits könnte die unzureichende Entlohnung der Tätigkeit vieler anderer durch einen bescheidenen, ihnen als Rechtsanspruch zukommenden Betrag deutlich erhöht werden. Von diesem pragmatischen Standpunkt aus ist das optimale Leistungsniveau des allgemeinen Grundeinkommens dann erreicht, wenn zusätzliche Ungerechtigkeit (wegen unangemessener Vergütung der Untätigen) geringer ausfällt als die zusätzliche Ungerechtigkeit bei der Entschädigung all jener, die bisher unentgeltlich Kinder groß ziehen, Ältere pflegen oder Behinderte betreuen.

Allgemeines Grundeinkommen und Feminismus

Im Vergleich zu den Männern würden die Frauen im Zuge eines allgemeinen Grundeinkommens im Hinblick auf ihre Einkommenssituation wie in Bezug auf ihre Lebensentscheidungen überwiegend besser gestellt.

Da nämlich die Frauenerwerbsquote und der durchschnittliche Stundenlohn niedriger sind als bei den Männern, wirkt sich jede Finanzierung durch eine direkte oder indirekte Einkommensteuer zwangsläufig positiv für sie aus. Abgesehen davon bedeutet eine Reform der Besteuerung natürlicher Personen im Zusammenhang mit einem Grundeinkommen, dass die Steuernachlässe, auf die heute in vielen Steuersystemen die Ehepartner der Frauen an Heim und Herd Anspruch haben, in Form eines Geldtransfers unmittelbar an die Frauen fließen.

Sieht man einmal von diesem direkten Einkommenseffekt ab, so bieten sich durch verbesserte Möglichkeiten der Teilzeitarbeit und der Unterberechung der Erwerbstätigkeit Lebenschancen, die Frauen im Durchschnitt wohl häufiger wahrnehmen werden als Männer. Insofern ist es nicht weiter erstaunlich, dass das Grundeinkommen oft aus einer feministischen Perspektive befürwortet wird (Miller 1988; Saraceno 1989; Morini 1999; McKay 2000, 2001; Alstott 2001; Robeyns 2001a).

Gerade diese erweiterten Lebenschancen und die Annahme, dass Frauen diese wohl auf absehbare Zeit stärker in Anspruch nehmen werden als Männer, gibt jedoch auch Anlass zu Besorgnis und Skepsis. Wird dadurch nicht der Druck zugunsten von Maßnahmen zur Förderung der Geschlechtergleichheit auf dem Arbeitsmarkt gemindert? Werden die Frauen in Verkennung des Werts einer soliden beruflichen Integration für ihre langfristige Sicherheit diese Chancen aus kurzfristigen Erwägungen nutzen? Wenn Frauen bereits ohnehin häufiger als Männer ihre Erwerbstätigkeit unterbrechen, könnten Arbeitgeber dann nach der Einführung des Grundeinkommens nicht erst recht davon ausgehen, dass bei Frauen die Wahrscheinlichkeit, eine Vollzeitstelle auf Dauer zu besetzen, im Vergleich zu Männern noch geringer wird als bisher, so dass infolgedessen die Diskriminierung von Frauen am Arbeitsmarkt zusätzlich verstärkt würde? (Eydoux/Silvera 2000; Robeyns 2001b).

4. Gerechtigkeitserfordernis?

Die Erde gehört allen

Es ist unbestreitbar, dass sich einige der Forderungen nach einem Grundeinkommen aus unspezifischen, von pragmatischen Erwägungen ausgehenden Gründen angeschlossen haben. Für viele andere jedoch ist das Grundeinkommen weit mehr als ein Notbehelf. Das gilt, wie gesehen (I.2), etwa für Paine (1796), Spence (1797) und Charlier (1848), für die eine bedingungslose einmalige Vergütung eine konkrete Umsetzung des Rechts aller auf einen gleich großen Anteil an dem Wert der Erde bedeutete. Dieser Gedanke wurde dann später von einer linken Strömung innerhalb der nordamerikanischen libertären Sozialphilosophie theoretisch weiterentwickelt.

Aus Sicht der Libertären besitzt jedes erwachsene Individuum ein absolutes Verfügungsrecht über seine Person und die rechtmäßig erworbenen Güter. So gesehen, kommt die Besteuerung eines Teils der Früchte der Arbeit, die jemand mit Hilfe der Produktionsmittel, die sich legitim in seinem Besitz befinden, geleistet hat, einer völlig inakzeptablen Zwangsarbeit gleich. Auf den ersten Blick mag ein solcher Ansatz folglich nur schwer zur Rechtfertigung einer massiven Umverteilung, wie sie ein allgemeines Grundeinkommen voraussetzt, dienen. Dabei würde man allerdings übersehen, dass sich alle Produktionsmittel aus den natürlichen Ressourcen herleiten, die ursprünglich niemandem gehörten.

Daher lautet eine zentrale Frage, nach welchen Regeln die natürlichen Ressourcen überhaupt angeeignet werden können. Von Seiten der Rechtslibertären wird auf das Prinzip »Wer zuerst kommt, mahlt zuerst« verwiesen und dieser Grundsatz eventuell um die so genannte Locke'sche Klausel ergänzt, der zufolge niemand schlechter gestellt werden darf als im Vergleich zu einer Situation, in der es keine private Aneignung gäbe (Nozick 1974). Demgegenüber stellt sich der Linkslibertarismus auf den Standpunkt, dass der Wert der Erde und ganz allgemein der natürlichen Ressourcen – wozu auch jener Wert gerechnet wird, der sich aus dem privaten Eigentum von Boden und der privaten Ausbeutung von Ressourcen ergibt – allen Mitgliedern einer menschlichen Gemeinschaft, d.h. hier der ganzen Menschheit, zu gleichen Teilen zustehe (Steiner 1992). Natürlich wäre eine in dieser Hinsicht gerechte Situation vorstellbar, indem jeder ein gleichwertiges Stück Boden erhielte. Jedoch sind die bürokratische Komplexität und wirtschaftliche Unsinnigkeit einer solchen Maßnahme in unserer heutigen demographischen und technologischen Situation so gravierend, dass eine andere praktische Umsetzung desselben Prinzips viel attraktiver ist.

Es geht also vielmehr um die Errichtung einer »Einheitssteuer«, die auf den Verkehrswert der privat angeeigneten Böden und Bodenschätze erhoben wird. Ihre Höhe richtet sich innerhalb eines Bemessungszeitraums von einem Jahr nach dem Gesamtverkehrswert des privat angeeigneten Teils des Bodens und der Bodenschätze, das heißt die Bodenrente wird über einen hypothetisch vollkommenen Markt bestimmt. Die Einnahmen aus dieser Steuer werden zu gleichen Teilen unter allen Mitgliedern einer Gemeinschaft verteilt, unabhängig davon, welchen individuellen Beitrag sie zur Wohlstandsproduktion leisten. Damit presst man nun nicht den Arbeitern einen Teil der Früchte ihrer Arbeit ab. Von denen, die von den natürlichen Ressourcen profitieren, wird lediglich erwartet, dass sie dafür eine angemessene Pacht an die Gesamtheit der legitimen Ressourcenbesitzer erstatten. Hinter dem Anschein einer Transferleistung verbirgt sich also nicht so sehr der Ausdruck einer Solidarität mit den sozial Schwachen, sondern die Verwirklichung eines gleichen Anrechts aller auf den ihnen jeweils zustehenden bescheidenen Anteil. Die Bedingungslosigkeit ist unter diesem Gesichtpunkt keineswegs nur eine Notlösung.

Demgegenüber stellt sich jedoch die Frage, ob nicht die Gefahr besteht, dass sich das allgemeine Grundeinkommen deutlich verringert, weil die Bodenschätze zwangsläufig zur Neige gehen und der neue wissensbasierte Kapitalismus vor allem auf der Nutzung von Humanressourcen beruht. Selbst wenn man jedoch davon ausgeht, dass jede Generation dazu verpflichtet ist, die von ihr verursachte Erschöpfung der natürlichen Ressourcen durch eine Aufstockung der Kapitalreserven auszugleichen, scheint eine so eingeschränkte Finanzierungsbasis die Rechtfertigung eines substanziellen Grundeinkommens in Schwierigkeiten zu bringen.

Ein kapitalistischer Weg zum Kommunismus

Lässt sich demgegenüber nicht auch im marxistischen Denken, das ja mit der libertären Lehre recht wenig gemein hat, eine ganz andere Rechtfertigung für ein großzügiges Grundeinkommen finden? Für Marx (1875) ist der Sozialismus, definiert als kollektives Eigentum an den Produktionsmitteln, kein Selbstzweck, sondern ein Mittel auf dem Weg zum Kommunismus. Dieser wiederum wird nach dem Prinzip »Jeder nach seinen Fähigkeiten, jedem nach seinen Bedürfnissen« definiert. Mit dem Wegfall der kapitalistischen Beschränkung der Entwicklung der Produktivkräfte entsteht im Rahmen einer sozialistischen Organisation der Produktion ein Übermaß an Reichtum. Dieses Übermaß ist notwendig, um eine Gesellschaft zu begründen, in der die Arbeit, die zur Befriedigung der Bedürfnisse aller erforderlich ist, ein so geringes Ausmaß erreicht hat und so wenig beschwerlich sein wird, dass ein jeder sie sogleich je nach seinen Fähigkeiten zu leisten bereit ist, ohne dass er durch einen Lohnanreiz dazu angehalten werden müsste.

Um den Wohlstand gemäß den Bedürfnissen und nicht nach der jeweiligen Leistung zu verteilen, muss natürlich zuvor das letzte Stadium des gesellschaftlichen Reichtums erreicht worden sein. Allerdings ist auch eine schrittweise Umsetzung dieses Ideals vorstellbar, wobei jede einzelne Generation die Einkommen so weit wie möglich nach den Bedürfnissen umverteilt, vorausgesetzt, dass der materielle Leistungsanreiz für eine Gesamtproduktion ausreicht, welche die Grundbedürfnisse aller zu befriedigen vermag. Eine Umverteilung gemäß den Bedürfnissen könnte zumindest teilweise in Form von Sachleistungen erfolgen, wobei eine Anpassung an die jeweiligen alters- bzw. behinderungsbedingten Bedürfnisse unerlässlich wäre. Ein monetäres Grundeinkommen erweist sich jedoch von seiner ganzen Anlage her als ein leicht handhabbares Instrument, mit dem jeder Einzelne die allen gemeinsamen Grundbedürfnisse zu decken vermag. Gleichgültig ob im Rahmen eines sozialistischen oder eines kapitalistischen Systems, eine schrittweise Entwicklung hin zum Kommunismus lässt sich vor diesem Hintergrund als eine allmähliche Erhöhung des allgemeinen Grundeinkommens, gemessen an dem jeweiligen Durchschnittslohn, begreifen. Mit wachsender Produktivität besteht die Möglichkeit, dass – ohne damit die Befriedigung der Bedürfnisse aller in Frage zu stellen – das Volumen an entfremdeter Lohnarbeit schrumpft und der Anteil des Arbeitslohnes am Einkommen abnimmt. Der Grenzfall wäre die Umverteilung des gesamten Sozialprodukts gemäß den Bedürfnissen. Sieht man einmal von Zusatzleistungen für spezifische Empfängergruppen ab, läge das allgemeine Grundeinkommen dann beim Durchschnittslohn (Van Parijs 1985; van der Veen/Van Parijs 1986a).

Eine derartige Rechtfertigung des allgemeinen Grundeinkommens kann sich sowohl auf ein egalitäres wie auf ein emanzipatorisches Ideal berufen, das das genaue Gegenteil des weiter oben diskutierten Prinzips einer Beschäftigungsmaximierung zum Zwecke der Armutsbekämpfung ist (vgl. III.3). Die Maximierung des relativen Grundeinkommensniveaus ist hier – mit derselben Zielsetzung – gleichbedeutend mit einer möglichst weitgehenden Verminderung des Beschäftigungsvolumens. Ist das aber überhaupt ein realistisches Ideal? Stellen wir uns zwei mögliche und ansonsten identische Situationen vor: In einem Fall A wächst das Grundeinkommen mit steigendem Durchschnittseinkommen, während in einem Fall B das Grundeinkommen absolut ansteigt. Ausgehend von der Tatsache, dass im Fall B ein größerer Anteil des Sozialprodukts gemäß der Leistung jedes Einzelnen verteilt werden soll und dies zu einem größeren Produktionsanstieg führt, könnte es sein, dass der an alle gezahlte Grundeinkommensbetrag auf Dauer höher liegt als im Fall A. Dem hier zugrunde liegenden Ideal zufolge müsste jedoch der Fall A vorgezogen werden, obwohl alle, nicht nur die Nettozahler, sondern auch diejenigen, die abgesehen von dem allgemeinen Grundeinkommen keine anderen Einkünfte haben, hier über einen geringeren Geldbetrag verfügen als in im Fall B. Lässt sich eine solche Position ernsthaft vertreten? (van der Veen/Van Parijs 1986b)?

Allgemeines Grundeinkommen und Ausbeutung

Anders als Marx und der orthodoxe Marxismus sehen viele Anhänger des Sozialismus dessen Überlegenheit über den Kapitalismus nicht in seinem produktiven Leistungsvermögen, sondern in der Abschaffung der kapitalistischen Ausbeutung. Ihre Haltung gegenüber dem allgemeinen Grundeinkommen hängt dann zwangsläufig von der Frage ab, aus welchen Gründen sie diese Ausbeutung als inakzeptabel betrachten.

Wenn sie den Grund dafür darin sehen, dass die Proletarier angesichts mangelnder Alternativen dazu gezwungen sind, ihre Arbeitskraft an die Kapitalisten zu verkaufen, ist das Grundeinkommen natürlich ein Segen, weil es, zumal bei einem angemessenen Niveau, die gesamte Bevölkerung vom Arbeitszwang befreit.

Wenn sie dagegen den Grund dafür darin sehen, dass die Ausbeutung letztlich die Möglichkeit schafft, dass manche ohne eigene Arbeit komfortabel leben können, dann ist das Grundeinkommen ein Fluch, weil dadurch letztlich alle zu Schmarotzern werden, während solches Parasitentum im Kapitalismus nur einer begüterten Minderheit vorbehalten bleibt.

Rawls als Gegner des allgemeinen Grundeinkommens?

Die Berücksichtigung von Einwänden dieser Art bildet in einer ebenfalls egalitären Perspektive einen zentralen Aspekt der Theorie von John Rawls (1971), die als paradigmatischer Ausdruck einer liberal-egalitären Gerechtigkeitskonzeption betrachtet werden kann. Die Grundprinzipien dieser Theorie basieren letztlich darauf, dass die Institutionen einer gerechten Gesellschaft die sozioökonomischen Güter so verteilen müssen, dass diejenigen, die am wenigsten haben, möglichst dauerhaft davon profitieren können, vorausgesetzt, dass eine Reihe von genau definierten Grundfreiheiten und die Chancengleichheit trotz der individuellen Verteilung von Talenten und Fähigkeiten respektiert wird. Lässt sich mit solchen Prinzipien die Einführung eines möglichst hoch bemessenen, garantierten Mindesteinkommens rechtfertigen? Und ist eine Voraussetzung dafür, dass es in Gestalt eines bedingungslosen Grundeinkommens ausgezahlt wird (Blais 1999; Prats 1996)?

Auf den ersten Blick scheint sich eine positive Antwort aufzudrängen: Zu einem Zeitpunkt, als die ökonomische Diskussion um die Negativsteuer – und, in einem weiteren Sinne, auch den *demogrant* – noch kaum eingesetzt hatte, bezeichnete Rawls (1967; 1971) diesen Vorschlag bereits ausdrücklich als eine mögliche Umsetzung der Garantie eines minimalen Sozialeinkommens, die als zentraler Bestandteil der Umverteilungsfunktion der Institutionen einer gerechten Gesellschaft gilt.

Um auf die Frage jedoch genauer einzugehen, sollte man von der Liste der sozialökonomischen Güter ausgehen, die Rawls selbst in seiner *Theorie der Gerechtigkeit* (1971) aufstellt, d.h. von Einkommen und Wohlstand, Macht und Privilegien, die mit sozialen Positionen verbunden sind, sowie von den gesellschaftlichen Bedingungen der Selbstachtung. Wenn man sich allein auf das Einkommen bezieht, könnte grundsätzlich jede Form der Einkommensgarantie herangezogen werden. Die einzige offene Frage wäre eventuell, wie hoch die Leistung dauerhaft bemessen werden sollte. Berücksichtigt man jedoch auch die anderen Aspekte und insbesondere die gesellschaftlichen Bedingungen der Selbstachtung, so wird eine engere Auswahl notwendig. Wenn die Menschenwürde der Leistungsempfänger eine Rolle spielt, dann bietet ein Transfersystem, das allein den »Bedürftigen« zugute kommt, einen beträchtlichen Nachteil. Je gezielter nämlich die Anspruchsberechtigten bestimmt werden, desto offensichtlicher werden sie als im Grunde unfähig erkannt, selbst für ihren Lebensunterhalt zu sorgen, und entsprechend stigmatisiert. Daran anschließend lässt sich eine Hypothese zugunsten einer Form eines Grundeinkommens für alle ableiten. Diese Vermutung scheint umso begründeter, wenn man berücksichtigt, dass die sozial Benachteiligten durch eine bedingungslose Einkommensbasis leichter sowohl bezahlte als auch unbezahlte Tätigkeiten ausüben können, die für ihr Selbstwertgefühl und ihre Selbstachtung bedeutsam sind (III.2).

Und dennoch: In zwei späteren Artikeln (Rawls 1974; 1988) verwirft Rawls in aller Deutlichkeit die Idee eines bedingungslosen Sozialeinkommens: »Wer seine Zeit mit Surfen an den Stränden von Malibu [A.d.Ü.: berühmte Badestrände bei Los Angeles] verbringt, muss selbst Mittel und Wege finden, wie er seinen Lebensunterhalt bestreitet. Er sollte nicht von der öffentlichen Hand profitieren« (Rawls 1988: 257). Damit die von ihm aufgestellten Prinzipien nicht zur Rechtfertigung eines derartigen Sozialeinkommens missbraucht werden, ergänzt er sogar die Liste der sozialökonomischen Güter um das Gut der Freizeit. All jene, die es trotz Erwerbsfähigkeit vorziehen, keiner Arbeit nachzugehen, verfügen über Freizeit, die nicht fremdverschuldet ist und die zu den sozioökonomischen Privilegien gerechnet werden müsse, von denen sie etwa im Vergleich zum Arbeitslohn eines vollzeitbeschäftigten, unqualifizierten Arbeiters profitieren. Daher wäre es ungerecht, sie zu den sozial Schwachen zu zählen und ihnen angesichts ihrer Einkommensschwäche einen monetären Ausgleich zu zahlen.

Allerdings ist auch diese Antwort deutlich zu nuancieren, wenn man bedenkt, dass Rawls' Differenzprinzip einer gerechten Verteilung der sozioökonomischen Güter keineswegs besagt, dass die am wenigsten Begünstigten möglichst viel bekommen sollten. Vielmehr sollten diesem Prinzip zufolge diejenigen, die sich in der schlechtesten Position befinden, damit rechnen können, im Durchschnitt möglichst viel zu bekommen. Während, wenn man die Freizeit mit zu den sozioökonomischen Gütern zählt, die Chancen des allgemeinen Grundeinkommens gemäß der ersten Interpretation nicht sonderlich gut stehen, verbessern sie sich in der zweiten Interpretation: Auch bei Berücksichtigung der Freizeit kann ein System, durch das die am schlechtesten Gestellten mehr davon erhalten, eine bessere Bewertung für sich geltend machen, als wenn man ausschließlich das Einkommen im Blick hat. Insofern lässt sich die Behauptung, dass die Rawlsschen Prinzipien ein allgemeines Grundeinkommen rechtfertigen, weder kategorisch verneinen noch kategorisch bejahen. Die Wahl zwischen den verschiedenen Formen und Kombinationen von Einkommensgarantien und Lohnzuschüssen ist folglich ganz wesentlich davon abhängig, wie man die verschiedenen Bestandteile der Liste der sozioökonomischen Güter im Einzelnen gewichtet und wie sich die jeweiligen Maßnahmen auf jeden einzelnen dieser Bestandteile auswirken werden (Van Parijs 2002).

Gerechtigkeit als reale Freiheit für alle

Ob sie nun Rawls' klassischer Formulierung zustimmen oder nicht, viele Anhänger einer liberal-egalitären Gerechtigkeitskonzeption empfinden angesichts der Surfer von Malibu und anderer mutmaßlicher Müßiggänger ein ähnliches Unbehagen. Natürlich kann es nicht darum gehen, liberale Grundsätze zu verletzen und der Überlegenheit einer spezifischen Konzeption richtiger Lebensführung das Wort zu reden, gegen die die oben genannten Surfer verstoßen. Sehr wohl können sie jedoch aus anderen, durchaus konsistenten Gründen Einwände formulieren und das allgemeine Grundeinkommen verwerfen. So können sie argumentieren, dass ein bedingungsloses Grundeinkommen die meditativen Tätigkeiten des Einsiedlers auf Kosten der wohlstandsfördernden Aktivitäten eines Managers begünstigt oder, allgemeiner gesprochen, die Freizeit gegenüber dem Einkommen; und dadurch würde das Prinzip der *Unparteilichkeit* verletzt, das den liberalen Ansatz eigentlich kennzeichnet (Musgrave 1974). Außerdem können sie sich auf den Standpunkt stellen, dass das Grundeinkommen gegen das Prinzip der *Reziprozität* verstößt. Zwar sollte dieser Grundsatz nicht im Sinne einer genauen Entsprechung zwischen dem Beitrag, dem man für die Gesellschaft leistet, und dem Nutzen, den man aus ihr zieht, oder auch im Sinne einer strengen Verhältnismäßigkeit zwischen Leistung und Einkommen missverstanden werden. Dennoch lässt sich dieses Prinzip kaum mit einem bedingungslosen Sozialeinkommen vereinbaren, das eben auch ein nicht erwerbstätiger, aber durchaus erwerbsfähiger Bürger beziehen würde (White 2003a, 2003b).

Demgegenüber hat eine Gerechtigkeitskonzeption im Sinne einer »realen Freiheit für alle« (Van Parijs 1991; 1995; 1996; Reeve/Williams 2003) den Anspruch, als Antwort auf diese bedenkenswerten Einwände eine liberal-egalitäre Rechtfertigung des allgemeinen Grundeinkommens zu bieten. Ausgangspunkt ist der einfache Gedanke, dass die Gerechtigkeit eine Frage der Verteilung der realen Freiheit darstellt, so zu handeln, wie es unseren Lebenswünschen entspricht. Das jedoch ist nicht allein eine Frage des Rechts, sondern auch des effektiven Zugangs zu Gütern und Handlungschancen. Als erste Annäherung ist es im Sinne einer gerechten Verteilung dieser realen Freiheit notwendig, dass alles, was wir ohne Gegenleistung erhalten, gleichmäßig – oder doch zumindest nach dem Kriterium eines dauerhaften »Maximin«-Prinzips, d.h. einer dauerhaften Maximierung der Minima – verteilt wird. Das betrifft auch die Güter, die wir nicht nur zu Beginn unserer Existenz, sondern unser ganzes Leben erben oder geschenkt bekommen. Um eine gleichmäßige Verteilung dieser Güter zu erreichen, muss ihr Wert bemessen werden können. Am schlüssigsten ist es hierzu, die Opportunitätskosten für die anderen zu berechnen, d.h. der entgangene Nutzen derjenigen, die diese Güter nicht haben nutzen können. Eine solche Berechnung kann etwa über den Preis auf einem Markt mit vollständigem Wettbewerb und über eine dementsprechende Verteilung dieser Vergütungen erfolgen. Diesem Gerechtigkeitsprinzip zufolge müsste jeder Bürger Zahlungen in derselben Höhe beziehen. In jedem Fall müssten jedoch die Bezüge des niedrigsten Empfängers so hoch wie möglich sein.

Ererbte Güter und verschiedene Formen finanzieller Zuwendungen sind jedoch nicht die wichtigsten Vergütungen, die uns in sehr ungleichem Maße im Laufe unseres Lebens zugute kommen. Vielmehr bilden die Einkünfte aus unserer Erwerbstätigkeit den größten Anteil unserer Einkommen. Ob wir nun unseren Arbeitsplatz aufgrund unserer Fähigkeiten, wegen unserer Ausbildung oder dank Verwandten und Freunden innehaben, die uns über eine freie Stelle informiert oder bei der Arbeitssuche unterstützt haben, oder ihn unserer Nationalität, der Zugehörigkeit zu einer bestimmten Generation oder auch unserem Wohnsitz zu verdanken haben, in jedem Fall handelt es sich dabei um ein Privileg. Der Wert dieses Privilegs entspricht dem Abstand zwischen dem tatsächlichen Erwerbseinkommen, das aufgrund dieser Privilegien erzielt wurde, und einer Entlohnung, die unter vollständiger Konkurrenz bei gleichzeitiger, angemessener Verteilung dieser Dotierungen erzielt werden könnte. Allerdings lässt sich dieser Betrag nicht leicht berechnen und noch schwerer ausgleichen. Aber wenn man als Kriterium eine dauerhaft geltende *Maximin*-Regel anwendet, reicht es aus, diese Erwerbseinkommen auf einem möglichst hohem Niveau gemeinsam zu besteuern. Dabei müsste jedoch beachtet werden, dass eine solche Besteuerung von den Arbeitnehmern antizipiert werden könnte, um sie nicht übermäßig zu belasten. Die Einnahmen aus einer solchen Steuer könnten anschließend an alle, egal ob sie Arbeitnehmer sind oder nicht, in Form eines Grundeinkommens verteilt werden.

Eine bedingungslose Rechtfertigung?

In dieser von der Rawlsschen Theorie abweichenden Variante des liberalen Gleichheitsprinzips würden die Malibu-Surfer mit größerer Wahrscheinlichkeit Anspruch auf ein bescheidenes Sozialeinkommen haben als in der Version von John Rawls. Diese Beachboys hätten natürlich keinerlei Berechtigung, den Arbeitnehmern auf der Tasche zu liegen, wenn die Produktion des Reichtums einer Gesellschaft ausschließlich durch Arbeit zustande käme und Bodenschätze, technische Innovation, Ausbildung oder Beschäftigungslage dabei keinerlei Rolle spielten. Aber in der Wirklichkeit sind diese »freien Güter« für das Funktionieren unserer Ökonomie von zentraler Bedeutung. Eine maximale Besteuerung der Erwerbstätigkeit sowie die sonstigen Möglichkeiten, die sich auf einem Markt bieten, sorgen letztlich nur dafür, dass ein Teil der sehr ungleich verteilten Bezüge umgeschichtet wird. Es mag richtig sein, dass der vorsätzlich untätige Malibu-Surfer sein Grundeinkommen nicht »verdient«. Andererseits ist dieser Umstand von einem ethischen Standpunkt aus nicht von der Zufälligkeit und Willkürlichkeit zu unterscheiden, mit der Erwerbsarbeit, Wohlstand, Einkommen und Freizeit in einem oft unterschätzten Ausmaß durch soziale Mechanismen verteilt werden.

Insofern wird hier auch in keiner Weise mit dem Neutralitätsprinzip des Staates gebrochen. Es gibt hier keine liberale Grundsätze verletzende Verzerrung zugunsten des Einsiedlers und zu Lasten des Managers. Lediglich eine pragmatisch bedingte Asymmetrie lässt sich feststellen, da nur das Einkommen, nicht aber die Freizeit besteuert werden kann, wenn man in Bezug auf Freizeit *und* Einkommen den Freiheitsspielraum derjenigen so weit wie möglich vergrößern möchte, denen es daran mangelt. Auch die Bedeutung der Reziprozität wird im Grunde nicht in Abrede gestellt. Diese muss vielmehr vor dem Hintergrund einer gleichmäßig verteilten Basisausstattung die Balance zwischen Leistung und Nutzen halten. Das allgemeine Grundeinkommen sorgt nicht für eine solidarische Umverteilung zwischen Erwerbstätigen und Erwerbsunfähigen, sondern gibt vor allem jedem Einzelnen unabhängig von seinen Lebensentscheidungen das, worauf er einen rechtmäßigen Anspruch hat.

Dennoch muss eine vertretbare Gerechtigkeitskonzeption die an den Personen haftenden Ressourcenungleichheiten – Begabungen bzw. Behinderungen – mit berücksichtigen, die ihre Wirkung nicht nur auf den Zugang zu externen Ressourcen entfalten. Diese Ungleichheiten rechtfertigen gezielte Transferleistungen zugunsten von Personen, die unter bestimmten Benachteiligungen leiden. Dadurch reduziert sich jedoch zwangsläufig das Maximalniveau des Grundeinkommens. Angesichts der materiellen Ausgangssituation in den entwickelten Ländern ist die Höhe dieser solidarischen Transferleistungen jedoch immer noch mit einem substanziellen Grundeinkommen vereinbar (Van Parijs 1995: Kapitel 3).

Die Rechtfertigung eines derartig umrissenen allgemeinen Grundeinkommens stellt gewissermaßen eine Radikalisierung der weiter oben dargelegten linkslibertären Rechtfertigung dar, die auf der von den Befürworten des Grundeinkommens immer wieder unterstrichenen Ansicht beruht, man müsse anerkennen, dass es nichts außer der Natur gibt, das uns als Gabe überlassen worden ist (Alperowitz 1994; Duboin 1998; Dore 2001). Anders als vom Standpunkt des Libertarismus aus ist hier der philosophische Rahmen allerdings kein »natürliches« System von individuellen Eigentumsrechten, zu deren Achtung und Schutz die gesellschaftlichen Institutionen berufen sind. Vielmehr handelt es sich um eine für den liberal-egalitären Ansatz konstitutive Kombination, der zufolge die unterschiedlichen Vorstellungen von einer bevorzugten Lebensweise gleichermaßen respektiert und die Interessen jedes Einzelnen gleichermaßen beachtet werden müssen. Interpretiert man diese gleiche Beachtung der Interessen jedes Einzelnen im Sinne einer dauerhaften Maximierung der Mindestausstattung mit Lebenschancen in allen Lebensbereichen, so verleiht dies auch dem Kampf gegen Armut und Arbeitslosigkeit einen herausragenden Stellenwert. Die gesamte Argumentation, die sich um den Nachweis bemüht, dass das allgemeine Grundeinkommen ein effizientes Instrument zur Verringerung der Armut und der Arbeitslosigkeit darstellt (vgl. III.1–2), ist somit Teil eines expliziten und kohärenten normativen Rahmens.

IV. Eine Idee für die Zukunft?

Bisher haben wir die Idee des allgemeinen Grundeinkommens erklärt und die Rechtfertigungen und Einwände dargelegt. Wie stehen aber die politischen Chancen? Ist eine plausible Reihe von Schritten bis hin zur Einführung des Grundeinkommens vorstellbar?

In den Industrieländern bilden die konventionellen Systeme einer an Haushaltsgröße, Vermögenslage und Arbeitsbereitschaft gebundenen Mindestsicherung trotz und wegen ihrer Mängel eine wichtige Ausgangsbasis dafür, dass politischen Eliten das allgemeine Grundeinkommen überhaupt ernst nehmen. Überall dort, wo ein System der Sozialhilfe besteht, ist es zu einem vertrauten Element des Wohlfahrtsstaates geworden. Allerdings haben diese Systeme im Laufe ihrer Ausweitung auch negative Begleiterscheinungen gezeitigt, die zu kontroversen Debatten und Reformvorschlägen Anlass geben. Unter diesen Vorschlägen findet sich an prominenter Stelle auch zunehmend das allgemeine Grundeinkommen. In mehreren Ländern haben Regierungen diesen Gedanken geprüft und als erwägenswerte Alternative präsentiert. Die Umsetzung stößt jedoch auf Hindernisse, so dass in den Industrieländern der Königsweg einer triumphalen Inthronisierung recht unwahrscheinlich sein dürfte, unwahrscheinlicher jedenfalls als eine diskrete und schrittweise Einführung »durch die Hintertür« (Vanderborght 2004b). Es wird noch zu zeigen sein, dass dies für weniger entwickelte Länder nicht unbedingt in demselben Maße gelten muss.

Bevor wir die politische Machbarkeit verschiedener möglicher Wege zu einer progressiven Einführung eines allgemeinen Grundeinkommens untersuchen, wollen wir zuerst die Positionen der wichtigsten gesellschaftlichen und politischen Kräfte Revue passieren lassen.

1. Gesellschaftliche Kräfte

Arbeitnehmer

Auch wenn die Gewerkschaften in einigen Industrieländern stark an Repräsentationskraft verloren haben, sind Arbeitnehmervertretungen überall weiterhin ein wichtiger Akteur bei der Reform des Sozialstaates. Nicht selten sind sie direkt an der Verwaltung der Arbeitslosen- und Rentenversicherungssysteme beteiligt. Sie sitzen in einflussreichen Beratungsorganen und beeinflussen die politische Entscheidungsfindung durch ihre Repräsentanten, über die sie ihre Interessen vertreten. In einer Reihe von Fällen könnte sich die gewerkschaftliche Position zum allgemeinen Grundeinkommen als entscheidend für die politische Zukunft dieser Idee erweisen.

Auf den ersten Blick sind die Aussichten nicht sonderlich Erfolg versprechend. Die meisten Gewerkschaften scheinen die Idee überhaupt nicht zur Kenntnis zu nehmen, und jene Arbeitnehmerorgani-

Warum die Gewerkschaften dem allgemeinen Grundeinkommen skeptisch gegenüberstehen

Die gewerkschaftliche Skepsis gegenüber dem allgemeinen Grundeinkommen hat im Wesentlichen mit der Befürchtung zu tun,

1. dass die Unternehmen bei dieser Gelegenheit die Löhne mit der Begründung senken könnten, da diese ja durch die Einkommensgarantie ergänzt würden, und dass sie parallel dazu in den Ländern, in denen es einen gesetzlichen Mindestlohn gibt, auf dessen Kürzung bzw. Streichung hinwirken werden;

2. dass die Arbeitnehmer einen großen Anteil des Haushaltseinkommens offensichtlich vom Staat beziehen würden und nicht mehr von ihrem Arbeitgeber, wo sie normalerweise ihren Einfluss geltend machen;

3. dass die Verhandlungsposition der einzelnen Arbeitnehmer durch die Möglichkeiten, die das Grundeinkommen bietet, zwar gestärkt wird, dass sie sich gleichzeitig aber von ihrem kollektiven Aktionspotenzial abkoppelt;

4. dass das Grundeinkommen nicht als eine Basis für ein differenziertes (Lebensstandard sicherndes) Sozialleistungssystem eingeführt wird, sondern als vollständiger Ersatz für bestehende Leistungsansprüche;

5. dass die relativ gut entlohnten Vollzeitbeschäftigten mit sicherem Arbeitsvertrag, die zumeist den Kernbestand der Mitglieder bilden, infolge der notwendigen fiskalischen Belastungen finanziell schlechter gestellt werden.

sationen, die sich zumindest zu einer Stellungnahme bereitfinden, können ihr offensichtlich nichts abgewinnen. 1985 etwa kritisierte der wichtigste Gewerkschaftsbund Belgiens, die *Confédération des syndicats chrétiens* (CSC), die »naiven Vorstellungen« der Anhänger dieser Idee und zeigte sich besorgt angesichts der »ideologischen Manöver«, die sich dahinter verbergen und »denen sich die Gewerkschaftsbewegung früher oder später wird stellen müssen«. Im Jahre 1986 verabschiedete die kanadische Gewerkschaft CLC-CTC auf ihrem Gewerkschaftstag einen ähnlichen Antrag, mit dem dem »neoliberalen« Geist des Vorschlags zur Einführung einer Negativsteuer eine Absage erteilt wurde. Dabei wurde ausdrücklich an die Rolle Milton Friedmans während der Debatte in Nordamerika erinnert. Im Laufe der folgenden Jahre ist der Tenor der offiziellen oder persönlichen Stellungnahmen der führenden Gewerkschaftsvertreter in fast allen Ländern gleich. 1999 etwa bringt Michel Jalmain, Generalsekretär für Beschäftigungsfragen der *Confédération française démocratique du travail*

Warum das allgemeine Grundeinkommen den Gewerkschaften eigentlich entgegenkommt

1. Da jeder Arbeitnehmer durch das Grundeinkommen die Sicherheit eines dauerhaften Einkommens besitzt, ist ein Ausstieg aus dem Arbeitsmarkt mit deutlich geringeren Risiken verbunden. Insofern würde dadurch die Verhandlungsposition jedes einzelnen Arbeitnehmers gestärkt, während gleichzeitig die Arbeitgeber größere Anreize hätten, die Arbeitsbedingungen vorsorglich zu verbessern und die Arbeitsplätze in jeder Hinsicht so attraktiv wie nur möglich zu gestalten.

2. Die zeitliche Arbeitsumverteilung als erklärtes Ziel der meisten gewerkschaftlichen Organisationen in Europa ließe sich dadurch leichter verwirklichen: Ob über eine freiwillige Teilzeitbeschäftigung, die temporäre Unterbrechung der Erwerbstätigkeit oder die Absenkung der Höchstarbeitszeit – die damit verbundenen Lohneinbußen würden durch ein gesetzliches Sozialeinkommen unabhängig von der Zahl der geleisteten Arbeitsstunden gemildert.

3. Die kollektive Handlungsmacht der Gewerkschaften würde dadurch letztlich gestärkt: Man denke nur daran, wie sehr ein allgemeines Grundeinkommen mit einem relativ hohen Leistungsniveau im Falle eines längeren Streiks das Kräfteverhältnis beeinflussen könnte.

(CFDT), seine große Skepsis gegenüber einer – wie er es nennt – »allgemeinen Fürsorgeleistung« zum Ausdruck. Seiner Meinung nach laufe eine solche Maßnahme nämlich darauf hinaus, dass auf Kosten der Allgemeinheit lediglich Unternehmen subventioniert würden, die atypische, unsichere und schlecht bezahlte Beschäftigungsverhältnisse anbieten.

Es gibt jedoch auch anerkennenswerte Ausnahmen. In dieser Hinsicht beachtlich (vgl. I.4) ist vor allem die Position der Lebensmittelgewerkschaft *Voedingsbond* im niederländischen Gewerkschaftsbund (FNV), die die Debatte um ein allgemeines Grundeinkommen in den Niederlanden angeregt und beharrlich vorangetrieben hat. In den 1980er Jahren, als die Arbeitslosigkeit in den Niederlanden eine zweistellige Zahl erreichte, erschien der Leitung dieser Gewerkschaft, die sehr viele gering qualifizierte Teilzeit-Arbeitnehmer zu ihren Mitgliedern zählt, ein substanzielles und bedingungsloses Einkommen (gekoppelt an eine deutliche Arbeitszeitverkürzung) als ein vorrangiges Ziel. Eine weitere beachtenswerte Ausnahme stellt die Gewerkschaft *Ezker Sindikalaren Konbergentzia* (ESK) aus dem spanischen Baskenland dar. Seit Ende der achtziger Jahre wirbt sie für die Idee eines individuellen und bedingungslosen »Basiseinkommens«, der sie in den Jahren 2002 und 2005 zwei vollständige Ausgaben ihrer Zeitschrift *Gaiak* gewidmet hat.

In den anderen Industrieländern fehlt es im Gewerkschaftsmilieu zwar nicht unbedingt an Unterstützung für diese Idee. Oftmals wird sie jedoch lediglich von einzelnen nonkonformistischen Mitgliedern und Intellektuellen vertreten. Beispielsweise hat das Forschungszentrum des führenden italienischen Gewerkschaftsbundes (*Confederazione Generale Italiana del Lavoro*, CGIL) zwischen 1987 und 1991 eine Reihe von Vorträgen und Publikationen zum allgemeinen Grundeinkommen organisiert. Und in Quebec, wo die Gewerkschaften der Idee nicht prinzipiell ablehnend gegenüberstehen, sondern lediglich aufgrund des nordamerikanischen Kontextes, in dem sie sich bewegen (Wernerus 2004), hat sich mit Michel Chartrand eine der historischen Gestalten der Gewerkschaftsbewegung auch in den Medien als ein Befürworter profiliert (Bernard/Chartrand 1999).

Überraschenderweise treten seit Mitte der neunziger Jahre vor allem Gewerkschaften in der südlichen Hemisphäre am entschiedensten für ein »Basiseinkommen« ein. In Südafrika plädierte der *Congress of South African Trade Unions* (COSATU) offen für die Einführung eines allgemeinen Grundeinkommens, das in einer Reihe von offiziellen Texten als ein unverzichtbares Entwicklungsinstrument für das Land dargestellt wurde. Dem COSATU zufolge ließen sich dadurch gleichzeitig Wachstum fördern, Arbeitsplätze schaffen und die Armut bekämpfen. Zusammen mit anderen Organisationen hat diese Gewerkschaft eine *Basic Income Grant Coalition* ins Leben gerufen. Ziel dieses Bündnisses ist es, die südafrikanische Regierung zu veranlassen, das allgemeine Grundeinkommen in ihr Regierungsprogramm aufzunehmen. Auch in der kolumbianischen Gewerkschaftsbewegung werden Überlegungen hierzu entwickelt. Ihre nationale Bildungseinrichtung in Medellin hat eine Ausgabe ihrer Zeitschrift *Cultura y Trabajo* (2002) der Idee des Grundeinkommens gewidmet, sie zum Thema ihres 25–jährigen Jubiläums gemacht und im Anschluss daran einen Sammelband veröffentlicht (Giraldo 2003).

Arbeitslose und Prekarisierte

Mehr noch als die Gewerkschaften, mehr jedenfalls als jene Organisationen, die im Wesentlichen die Interessen der ohnehin am besten geschützten Arbeitnehmer vertreten, sollte selbstverständlich die Bewegung der Sozialhilfebezieher und der prekär Beschäftigten die natürliche Basis der Anhängerschaft eines Grundeinkommens bilden. Da es den Personengruppen, die sich eigentlich besonders dafür einsetzen sollten, jedoch an finanziellen Mitteln fehlt, sie oft nur vorübergehend marginalisiert sind, sie sich nicht unbedingt mit ihrem Status als Ausgegrenzte identifizieren oder es an regelmäßigen Interaktionsbeziehungen mangelt, bestehen beträchtliche Hindernisse auf dem Weg zu einer wirksamen Mobilisierung all jener, die im Grunde von einer Reform im Sinne der Bedingungslosigkeit von Leistungsansprüchen am meisten zu erwarten hätten. Diese realen Hindernisse sind allerdings nicht unüberwindbar. In einer interessanten, auf teilnehmender Beobachtung beruhenden Studie hat beispielsweise Bill Jordan (1973) gezeigt, wie sich unter den Arbeitslosen einer südenglischen Kleinstadt Schritt für Schritt die Forderung nach einem Grundeinkommen ausgebreitet hat. Auch in den Niederlanden (1987) oder in Deutschland (2004) gehörten Arbeitslosenverbände zu den Gründungsmitgliedern von Netzwerken zur Unterstützung eines allgemeinen Grundeinkommens.

In Frankreich haben das von Maurice Pagat 1982 gegründete *Syndicat des chômeurs* (Arbeitslosengewerkschaft) und das *Mouvement national des chômeurs et des précaires* (Nationale Bewegung der Arbeitslosen und Prekarisierten), wie die Arbeitslosengewerkschaft seit 1986 heißt, die Idee des Grundeinkommens in ihrer Zeitschrift *Partage* breit diskutiert. In Paris und anderen Städten Frankreichs haben lokale, bisweilen der libertären Bewegung nahe stehende Verbände derselben Forderung Ausdruck verliehen (Geffroy 2002). Aber eine wirkliche soziale Bewegung, die der Forderung nach einer Einkommensgarantie ohne Gegenleistung ein ungeahntes öffentliches Interesse sicherte, hat sich erst im Zuge des »sozialen Wunders« herauskristallisiert, wie Pierre Bourdieu (1998) die Protestaktionen von Arbeitnehmern im Winter 1997/98 bezeichnete. Die Parole »*Un emploi c'est un droit, un revenue c'est un dû!*« (Arbeit ist ein Recht, Einkommen ist eine Pflicht!) wurde bald zur gemeinsamen Parole der Demonstrationen und Protestkundgebungen in Paris und anderen Städten Frankreichs. Auf Betreiben der 1994 gegründeten Organisation *AC! Agir Ensemble Contre le Chômage* (Gemeinsam gegen Arbeitslosigkeit vorgehen) geriet das allgemeine Grundeinkommen in den Blickpunkt der politischen Debatte (Guilloteau/Revel 1999). Unter dem Eindruck der intensiven und anhaltenden Protestaktionen beauftragte der damalige Regierungschef Lionel Jospin das Sozialministerium mit einem Bericht zu den »durch die Arbeitslosenbewegung aufgeworfenen Problemen« (Join-Lambert 1998). Ein Unterkapitel des Berichts ist bezeichnenderweise mit »Auf dem Weg zu einer Zusammenlegung der sozialen Mindeststandards und einem allgemeinen Grundeinkommen?« überschrieben. Auch wenn die Antwort auf diese Frage in dem Bericht ambivalent ausfällt, wurde im Anschluss daran eine Reihe von offiziellen Studien zur Reform der sozialen Mindeststandards in Auftrag gegeben, in denen das Grundeinkommen und verwandte Ideen systematisch diskutiert werden.

Aus diesem beachtenswerten Beispiel sollte allerdings nicht voreilig der Schluss gezogen werden, dass alle Arbeitslosen und ihre

Interessenvertretungen dem allgemeinen Grundeinkommen vorbehaltlos zustimmen. Zu einem Zeitpunkt, als die Debatte um das Grundeinkommen in Irland im Laufe der neunziger Jahre immer intensiver geführt wurde, wahrte die *Irish National Organisation of the Unemployed* (INOU) stets kritische Distanz. In ihren Pressemitteilungen kritisierte sie diese Idee unablässig und bedauerte, dass dadurch die Aufmerksamkeit von den drängenden Problemen der Arbeitslosigkeit und der Armut, für die es zielgenauere und unmittelbar finanzierbare Lösungen gebe, abgelenkt werde.

2. Politische Organisationen

Grüne

Zu den politischen Organisationen, die ein Interesse für das allgemeine Grundeinkommen bekundet haben, gehören in den Industrieländern in erster Linie die Umweltparteien. Schon Ende der siebziger Jahre haben die britische *Ecology Party* und die niederländische *Politieke Partij Radikalen* als erste politische Organisationen in Europa ausdrücklich das allgemeine Grundeinkommen in ihr Parteiprogramm aufgenommen. In Belgien folgten im Jahre 1985 die beiden Umweltparteien *Ecolo* (französischsprachig) et *Agalev* (flämisch), die darin mittelfristig ein Leitziel zur Umgestaltung der Sozialpolitik sehen. Bei den Grünen in Frankreich bekam die Debatte vor allem auf Betreiben Jean Zins und Yann Moulier-Boutangs Ende der neunziger Jahre zunehmend Konturen. Im Jahre 1999 machten sie sich die Idee eines »garantierten Sozialeinkommens« für Teilzeitbeschäftigte und für jene, die einer »autonomen«, nicht-erwerbsmäßigen Tätigkeit nachgehen, zu eigen und stellten sie als einen wichtigen Schritt auf dem Weg zu einem wirklichen »Bürgereinkommen« dar. In Irland führten die aktiven Bemühungen der *Green Party* schließlich zur Publikation eines »Grünbuches« durch die Regierung im Jahre 2002. Abgeordnete der Umweltpartei, darunter auch ihr Vorsitzender Trevor Sargent, üben weiterhin Druck aus, damit diese Initiative auch konkret umgesetzt wird. In Finnland veröffentlichte Osmo Soininvaara, Parteichef der »Grünen Liga« und Sozialminister von 2000 bis 2002, mehrere Bücher, in denen er für ein allgemeines Grundeinkommen wirbt, das er in der öffentlichen Debatte vehement vertritt.

Allerdings hat sich das Grundeinkommen in den Umweltparteien nicht ohne Widerstände durchgesetzt und war in mehreren Fällen sogar Anlass zur Spaltung. Das gilt beispielsweise implizit für die *Grünen* in Deutschland und ganz explizit für die niederländische Umweltformation *Groenlinks*. Seit ihrer Gründung im Jahre 1990 kommt es in dieser Partei immer wieder zu Auseinandersetzungen zwischen einer Gruppe von Mitgliedern, die darin – wie etwa der Europarlamentarier Alexander de Roo – einen zentralen Bestandteil der grünen Parteiidentität sehen, und all jenen, die wie der Abgeordnete Kees Vendrik ein Abweichen vom »sozialdemokratischen Konsens« ablehnen. Obwohl *Groenlinks* offiziell die Idee einer knapp bemessenen Negativsteuer (das so genannte *Voetinkomen*, also Basiseinkommen) als Kompromissvorschlag verabschiedet hatte, hat die Partei nach und nach alle Verweise auf ein allgemeines Grundeinkommen wieder aus ihrem Parteiprogramm genommen. Seit Ende der neunziger Jahre gibt es mit der konkurrierenden, aber deutlich weniger einflussreichen Umweltformation *De Groenen* nur noch eine Ökopartei, die die Einführung eines allgemeinen Grundeinkommens in den Niederlanden fordert.

In mehreren europäischen Ländern sind die Ökoparteien inzwischen zu einer wichtigen politischen Kraft geworden und waren bzw. sind vor allem in Finnland (1995–2002), Frankreich (1997–2002), Deutschland (1998–2005) und Belgien (1999–2003) an der Regierung beteiligt. Es mag an ihrem unzureichenden Einfluss innerhalb der Regierungskoalition oder auch an einem fehlenden internen Konsens gelegen haben – in jedem Fall lässt sich feststellen, dass sie diese Gelegenheit nie dazu genutzt haben, um das Grundeinkommen auf die unmittelbare politische Agenda zu setzen. Dennoch stößt die Idee eines allgemeinen Grundeinkommens in der politischen Familie der Umweltparteien gewissermaßen naturgemäß auf breite Zustimmung. Das zeigt beispielsweise die Tatsache, dass die Forderung nach einem Grundeinkommen von der amerikanischen *Green Party* bei ihrem Parteitag in Milwaukee (Juni 2004) verabschiedet wurde.

Allgemeines Grundeinkommen und Umweltbewegung

Drei logisch nicht miteinander verbundene Faktoren können erklären, warum sich das allgemeine Grundeinkommen gerade bei der Umweltbewegung großer Beliebtheit erfreut.

1. Für die Umweltgruppen ist es ein zentrales Anliegen, die Perspektive einer immer weiteren Steigerung der Kaufkraft und des privaten Wohlstandes zu hinterfragen. Dieses Ansinnen fällt allerdings all jenen leichter, die, gemessen an der übrigen Bevölkerung, dem Besitz und Konsum materieller Güter gegenüber der selbstbestimmten Nutzung von Zeit relativ geringe Bedeutung beimessen. Insofern ist es auch nicht verwunderlich, dass Menschen mit einem derartigen Präferenzprofil in den grünen Parteien überdurchschnittlich oft ihre politische Heimat finden. Da es sich bei dem Grundeinkommen offensichtlich um ein Projekt handelt, das die Befriedigung derartiger Präferenzen eher erleichtert (vgl. III.4), ist es auch nicht erstaunlich, dass es innerhalb dieser Parteien leicht auf Zustimmung stößt.

2. Die Umweltbewegung weigert sich, in einem forcierten Wachstum eine Antwort auf die Herausforderungen von Arbeitslosigkeit und Armut zu sehen. Da beim allgemeinen Grundeinkommen Einkommen und produktive Leistung prinzipiell voneinander entkoppelt werden, lässt sich das Projekt als eine strukturelle Wachstumsbremse begreifen. Dadurch kann nämlich vermieden werden, dass sich eine kontinuierliche Steigerung der Produktivität im vor allem erhöhten Konsum niederschlägt. Gleichzeitig wird aber auch die unerwünschte Massenarbeitslosigkeit verhindert, die im Grunde keine fortschrittlich gesinnte Partei – weder eine Öko- noch eine andere Partei – wirklich hinnehmen kann. In der Tat wirkt die Wachstumsbremse zugleich als eine Maßnahme zur Förderung einer behutsamen Arbeitsumverteilung (vgl. III.2).

3. Da sich die Grünen darum bemühen, die Interessen der kommenden Generationen zu wahren, ist ihnen logischerweise eine Sichtweise vertraut, die in der Natur den Besitz der gesamten Menschheit sieht. In dieser Hinsicht liegt es auf der Hand, von all jenen, die Boden besitzen, Bodenschätze konsumieren oder die Atmosphäre verpesten, einen entsprechenden Beitrag zu einem Fonds zu verlangen, dessen Dividenden ohne jegliche Voraussetzung unter allen Gesellschaftsmitgliedern verteilt werden müssen. Dieser Gedanke ähnelt sehr der Forderung nach einer »Natural-Dividende«, wie sie auch in den Vorstellungen eines Thomas Paine, Thomas Spence oder Joseph Charlier anzutreffen ist (I.2).

Linksliberale Parteien

Die zweite Parteienfamilie, die in jenen Ländern, in denen sie über eine eigenständige politische Formation verfügt, ihre Zustimmung zu einem allgemeinen Grundeinkommen zum Ausdruck gebracht hat, sind die Linksliberalen. In den Niederlanden haben sich die *Democra-*

ten '66 (D66), eine Organisation, die sich im Jahre 1966 von der Liberalen Partei abgespalten hat, wiederholt zugunsten eines Grundeinkommens ausgesprochen. Nachdem Hans Wijers, einer ihrer Minister, die erste sozialliberale Regierungskoalition im Jahre 1994 durch seine öffentliche Bemerkung in Bedrängnis gebracht hatte, die Niederlande seien auf dem geraden Weg zu einer Reform, die dem allgemeinen Grundeinkommen stark ähnele, legte der wissenschaftliche Beirat der Partei 1996 einen Bericht vor, in dem diese Forderung im Einzelnen untersucht wurde. Auch in Österreich hat das *Liberale Forum*, das 1993 von Linksabweichlern der *Freiheitlichen Partei Österreichs* (FPÖ) gegründet wurde, seit 1996 öffentlich zugunsten einer Negativsteuer Partei ergriffen.

Die *Liberal Democrats*, hervorgegangen aus einem Zusammenschluss zwischen den Erben der alten liberalen Partei und einigen sozialdemokratischen *Labour*-Dissidenten, haben sich in Großbritannien ebenfalls als »linksliberal« profiliert. Unter der Führung ihres Parteichefs Paddy Ashdown, einem überzeugten Befürworter des Grundeinkommens, stand diese Maßnahme unter der Bezeichnung *Citizen's Income* zwischen 1989 und 1994 an prominenter Stelle in ihrem Wahlprogramm. Schließlich wurde diese Forderung jedoch als allzu utopisch wieder aus dem Programm gestrichen.

Als letztes Beispiel sei auf die belgische Partei *Vivant* verwiesen, die im Jahre 1997 von dem Antwerpener Industriellen Roland Duchâtelet gegründet wurde. Der linksliberale Duchâtelet, der einen hohen Grad an individueller Freiheit mit gesellschaftlicher Solidarität in Einklang zu bringen versucht, hat das allgemeine Grundeinkommen zum zentralen Grundgedanken seiner Partei gemacht (Vanderborght 2002). Ein individuelles und bedingungsloses »Basiseinkommen« von 500 Euro soll hier durch eine drastische Erhöhung der Mehrwertsteuer finanziert werden. Bei den Wahlen zum Bundesparlament im Jahre 1999 erhielt *Vivant* knapp zwei Prozent der Stimmen, 2003 ein bisschen weniger, in jedem Fall aber nicht ausreichend, um im Parlament vertreten zu sein. Vor den Regional- und Europawahlen 2004 bildete die Partei ein Wahlbündnis mit der liberalen flämischen Partei des Premierministers Guy Verhofstadt. Auch wenn das Wahlbündnis *Vivant* keinen parlamentarischen Sitz einbringt, erlangten dadurch die Partei, ihr Gründer und dessen Version eines allgemeinen Grundeinkommens eine unerwartete Medienaufmerksamkeit.

Sozialdemokratische Parteien

In den dreißiger Jahren hatten bedeutende Intellektuelle wie James Meade oder George D.H. Cole in Großbritannien und Jan Tinbergen in den Niederlanden vergebens versucht, ihre sozialdemokratischen Parteien davon zu überzeugen, das allgemeine Grundeinkommen zu einem zentralen Baustein ihrer Wirtschaftsprogramme zu machen. Nach dem Zweiten Weltkrieg wurde die Idee dann in der europäischen Sozialdemokratie von einem Projekt, das ganz auf Wirtschaftswachstum und ein ausgebautes Sozialversicherungssystem setzte, völlig in den Hintergrund gedrängt. Erst nachdem sich zumindest jene Sozialdemokraten, die sich einer »gemäßigten« Variante des aktivierenden« Sozialstaates verbunden fühlten, einsehen mussten, dass ein zusätzliches, weit gespanntes Sicherungsnetz notwendig war, und erst nachdem sie die unerwünschten Nebeneffekte eines solchen Systems konstatieren konnten, haben sie allmählich wieder an die Überlegungen zum allgemeinen Grundeinkommen angeknüpft.

Unter dem Einfluss einer ursprünglich parteiexternen Debatte kam es in der niederländischen Arbeiterpartei (PvdA) Mitte der achtziger Jahre zu einer Kontroverse über diese Maßnahme. Als Forscher im wissenschaftlichen Beratungsgremium der Partei gründete der Ökonom Paul de Beer einen Arbeitskreis, der in vier Ausgaben ein Informationsblatt mit ganz entschieden positiven Beiträgen zu einem allgemeinen Grundeinkommen herausgab, darunter auch aus der Feder prominenter Parteimitglieder wie dem ersten Wirtschaftsnobelpreisträger Jan Tinbergen oder dem ehemaligen Präsidenten der Europäischen Kommission, Sicco Mansholt. Ein Antrag, der das Grundeinkommen forderte, wurde jedoch auf einem Parteitag (1985) von einer breiten Mehrheit abgelehnt.

Als die Sozialdemokraten im Jahre 1994 wieder die Regierungsgeschäfte übernommen hatten, betonte Premierminister Wim Kok öffentlich die Legitimität der Überlegungen zur Einführung eines allgemeinen Grundeinkommens (*basisinkomen*). Im Dezember 1994, nach einem breiten Medienecho auf einen scharfen Wortwechsel zwischen mehreren Ministern zu diesem Thema, erklärte er, einer »aufmerksamen Prüfung dessen, was langfristig mit dieser Idee möglich ist« durchaus nicht ablehnend gegenüberzustehen. Aus Furcht vor einer Zerreißprobe in der Koalition setzte er diese Initiative jedoch niemals wieder auf die politische Agenda.

Allgemeines Grundeinkommen und aktivierender Sozialstaat

Angesichts der »Krise« des Wohlfahrtsstaates, die schon in den frühen achtziger Jahren diagnostiziert wurde, kam es im Laufe der neunziger Jahre zu bisweilen kontrovers debattierten Plädoyers zugunsten eines »dritten Weges«, mit dem einerseits die sozialen Fortschrittsideale bewahrt und andererseits der Wohlfahrtsstaat reformiert werden sollte. In diesem Zusammenhang ist der Begriff des »aktivierenden Sozialstaates« zum gemeinsamen Banner einer erneuerten Sozialdemokratie geworden, wie sie etwa Anthony Giddens und Ulrich Beck, Tony Blair und Gerhard Schröder vertreten. Gleichwohl sollte hier nicht übersehen werden, dass die für den aktivierenden Sozialstaat konstitutive Absicht, die Sozialausgaben und ihre Empfänger zu aktivieren, zwei gegensätzliche Interpretationen zulässt.

In einer *repressiven* Variante geht es vor allem darum, die Empfänger bestehender Sozialleistungen darauf hin zu überprüfen, ob sie auch wirklich arbeitsunfähig sind bzw. sich ernsthaft um eine Beschäftigung bemühen. Vor diesem Hintergrund können die Sozialleistungen gekürzt, die Anspruchsvoraussetzungen verschärft sowie die Bedürftigkeit stärker kontrolliert werden. Das ist beispielsweise im Rahmen der Reform des deutschen Sozialstaates der Fall, die unter der Bezeichnung Hartz IV im Juli 2004 verabschiedet wurde.

In einer *emanzipatorischen* Variante handelt es sich demgegenüber vor allem darum, Hindernisse (Arbeitslosigkeitsfalle, fehlende Qualifikationen, soziale Isolation usw.), die manche Erwerbspersonen an der Ausübung einer bezahlten oder unbezahlten Berufstätigkeit hindern, zu beseitigen, ihnen zu erlauben, für andere nützlich zu sein, ihre Fähigkeiten unter Beweis zu stellen und eine Wertschätzung zu erlangen, die sie allein im Rahmen gesellschaftlich anerkannter Tätigkeiten gewinnen können.

Auch wenn mit dem Grundeinkommen einige Mängel des Sozialversicherungssystems beseitigt werden könnten und so die mit den Soziaversicherungen verknüpften Bedingungen stärker akzeptiert würden, ist das Grundeinkommen offensichtlich das genaue Gegenteil der *repressiven* Variante des aktivierenden Sozialstaates. Als Instrument im Kampf gegen die Exklusionsfalle (vgl. III.2) kann sie allerdings einen vollgültigen Platz im Rahmen einer emanzipatorischen Variante für sich beanspruchen.

In anderen Ländern lassen sich ebenfalls ähnliche Zeichen erkennen. In Frankreich beispielsweise befürwortet ein enger Berater des ehemaligen sozialistischen Premierministers Michel Rocard eine Umwandlung der französischen Variante der Sozialhilfe (RMI) in eine Einkommensergänzungsleistung (*allocation compensatrice de revenu*: ACR), eine Art Negativsteuer, die er selbst als den »zur Zeit größtmöglichen« Schritt auf dem Weg zu einem allgemeinen Grundeinkommen bezeichnet (Godino 1999) (vgl. IV.3). In Spanien wirbt der 2004 zum Minister der Staatsverwaltung ernannte sozialistische Abgeordnete (PSOE) Jordi Sevilla seit 2001 für eine Steuerreform, die ein allgemeines Grundeinkommen beinhaltet.

Insofern liegt die Vermutung nahe, dass die Anhänger eines Grundeinkommens unter jenen europäischen Sozialdemokraten, die sich der Notwendigkeit eines aktivierenden Sozialstaates zwar bewusst sind, jedoch der gegenwärtig vorherrschenden repressiven die emanzipatorische Variante vorziehen, wertvolle Verbündete finden könnten. Wenn sich eine sozialdemokratische Partei in irgendeinem Land der Erde jedoch um die Idee des allgemeinen Grundeinkommens verdient gemacht hat, so im fernen Brasilien und nicht in Europa. Die brasilianische Arbeiterpartei (PT) ist in der Tat die politische Formation in Lateinamerika, die am ehesten mit den sozialdemokratischen Parteien in Europa vergleichbar ist. Das allgemeine Grundeinkommen ist aber nicht nur seit Juli 2002 einer ihrer Programmpunkte. Ihr historischer Führer Luiz Inácio Lula da Silva hat darüber hinaus nach seiner Übernahme des Präsidentenamtes im Jahre 2003 im Januar des darauf folgenden Jahres einen Gesetzesvorschlag zur Einführung eines Grundeinkommens (*renda básica de cidadania*) unterzeichnet.

Dieses Gesetz, das von dem Senator der Arbeiterpartei Eduardo M. Suplicy vorgelegt und von den beiden Kammern des Bundeskongresses verabschiedet wurde, ist ein überraschender Durchbruch, der allerdings nicht zu voreiligen Schlüssen Anlass geben sollte. Da der Gesetzestext eine schrittweise Einführung, angefangen bei den besonders bedürftigen Haushalten, vorsieht und die Maßnahme unter dem Vorbehalt ihrer haushaltspolitischen Finanzierbarkeit steht, handelt es sich im Augenblick und noch auf unbestimmte Zeit um eine an spezifische Bedingungen geknüpfte Mindestsicherung, die sich von ihrer ganzen Anlage her kaum von der Sozialhilfe unterscheidet. Dass sie von den brasilianischen Sozialdemokraten jedoch ausdrücklich unter der Zielsetzung einer schrittweisen Einführung eines wirklichen allgemeinen Grundeinkommens präsentiert wird, ist alles andere als nebensächlich.

Linksradikale Parteien

Links von der Sozialdemokratie ist in einigen politischen Organisationen eine gewisse Sympathie für diese Idee erkennbar. Sie sehen im allgemeinen Grundeinkommen ein Instrument, mit dem die kapitalistische Herrschaft unterlaufen werden kann. Die irische Partei *Democratic Left* beispielsweise hat die Forderung in den achtziger Jahren vertreten. In Finnland stößt sie in der Partei *Vasemmistoliitto* (»Linksallianz«), einem Bündnis aus radikalen Ökopolitikern, ehemaligen Kommunisten und diversen linksradikale Gruppierungen, die zwischen 1995 und 2003 zweimal an der Regierung beteiligt war, auf ein ähnliches Echo. Mit der 2002 gegründeten *Union des Forces Progressistes* (UFP), in der sich Sozialisten, Kommunisten und Umweltschützer vereint haben, besteht in Quebec eine ähnliche Formation, die im Anschluss an die Arbeiten einer ihrer zentralen Gruppierungen, der *Rassemblement pour l'alternative progressiste* (RAP), die Forderung nach einem »allgemeinen Bürgereinkommen« (*revenu de citoyenneté universel*) oberhalb der Armutsschwelle in ihr Wahlprogramm aufgenommen hat. Außerdem ist zu beobachten, dass der Vorschlag eines allgemeinen Grundeinkommens seit Ende der neunziger Jahre auch bei den Globalisierungskritikern auf Zustimmung stößt, besonders in Italien, wo die *Tutte bianche* Debatten und Kundgebungen zu diesem Thema veranstalten (Fumagalli/Lazzarotto, 1999).

Die orthodoxen Kommunisten dagegen konnten diesem Marsch auf dem Weg zur »Herrschaft der Freiheit«, der ganz offensichtlich allzu wenig Gemeinsamkeiten mit ihrer eigenen Vision einer graduellen Verwirklichung des Kommunismus aufweist, kaum etwas abgewinnen. Andererseits muss jedoch erwähnt werden, dass die deutsche Partei des Demokratischen Sozialismus (PDS) auf Betreiben ihrer stellvertretenden Bundesvorsitzenden Katja Kipping nunmehr für ein garantiertes Mindesteinkommen in angemessener Höhe wirbt und bei der Bildung des *Netzwerk Grundeinkommen* im Juli 2004 eine der treibenden Kräfte gewesen war.

Allgemeines Grundeinkommen und christliche Organisationen

Religiöse Konfliktlinien strukturieren das politische Leben immer weniger. Dort, wo es noch Parteien christlicher Prägung gibt, hat keine dieser Organisationen klar zur Frage eines allgemeinen Grundeinkommens Stellung bezogen. Allerdings sollte man daraus nicht vorschnell den Schluss ziehen, dass christlich geprägte politische Organisationen keine führende Rolle in der Debatte gespielt haben. Zwei Beispiele beweisen vielmehr das Gegenteil.

Seit den frühen achtziger Jahren setzt sich in Irland die *Justice Commission* der *Conference of Religious of Ireland* (CORI) unter der Leitung Pater Seán Healys vehement für das Grundeinkommen ein. Sie gibt eine Reihe von sehr gut dokumentierten Informationsblättern heraus, erarbeitet konkrete Umsetzungsszenarien und nutzt das neokorporatistische System Irlands, das sie zu einer aktiven Teilnahme am politischen Entscheidungsprozess berechtigt, um auf eine programmatische Verankerung des Vorschlages hinzuwirken (Reynolds/Healy 1995; Clark 2002).

In Österreich hat die *Katholische Sozialakademie* die ersten deutschsprachigen Monographien zum Grundeinkommen (Büchele/Wohlgennant 1985) herausgegeben und in Wien im September 1996 einen Kongress zu dem Thema mitorganisiert. Ferner stellt sie dem im Oktober 2002 gegründeten *Netzwerk Grundeinkommen und sozialer Zusammenhalt* Räume zur Verfügung.

Sowohl in Irland als auch in Österreich konkretisieren also linke katholische Christen ihr Engagement im Dienste der sozial Schwachen in Form von Forschungsarbeiten und Stellungnahmen zugunsten einer Idee, die ihnen eine strukturelle Lösung des Armutsproblems in seinen verschiedenen Facetten zu bieten scheint.

Demgegenüber ist die französische Politikerin Christine Boutin ein atypisches Beispiel. Als Vorsitzende des *Forum des républicains sociaux* und Präsidentschaftskandidatin im Jahre 2002 ist sie in Frankreich vor allem wegen ihres entschlossenen Engagements gegen gleichgeschlechtliche Ehe und Abtreibung bekannt. Da sie ihre Ansichten explizit mit Verweisen auf das Christentum rechtfertigt, gilt sie in der französischen Öffentlichkeit als ultrakonservativ. Andererseits wurde sie jedoch auch von dem französischen Premierminister Jean-Pierre Raffarin mit einem Bericht über den »brüchiger werdenden sozialen Zusammenhalt« beauftragt. Seit der Veröffentlichung des Berichts im Jahre 2003 wirbt sie unermüdlich für eine streng individuelle und bedingungslose »Universaldividende« (*dividende universel*) (Boutin 2003).

3. Vielversprechende Übergangsmaßnahmen

Die Last des Bestehenden

Dieser kurze Überblick über die Positionen der politischen und gesellschaftlichen Kräfte verdeutlicht, dass sich das allgemeine Grundeinkommen in überraschend unterschiedlichen Ausschnitten des politischen Spektrums nach und nach einen Platz erkämpft hat. Allerdings lässt sich auch nicht bestreiten, dass sich noch längst kein breiter Konsens zu seinen Gunsten gebildet hat. Insofern ist es unerlässlich, über eine Momentaufnahme hinaus die Fortschritte und Perspektiven einer Reihe von Reformen näher ins Auge zu fassen, die kleine, aber entscheidende Schritte auf dem Weg zu einem wirklichen Grundeinkommen sein könnten.

Bei der Bewertung des Entwicklungspotenzials dieser verschiedenen Übergangsmöglichkeiten sollte man sich stets vergegenwärtigen, dass der jeweilige nationale Kontext bestimmte Beschränkungen mit sich bringt. In den Ländern, die dem so genannten Bismarckschen Modell folgen (d.h. u.a. Deutschland, Frankreich, Belgien und die Niederlande), macht die Tatsache, dass die Sozialversicherung eng mit der Lohnarbeit verknüpft ist, dass ihre Finanzierung weitgehend auf Beiträgen beruht und dass sie zumindest teilweise von den Tarifpartnern verwaltet wird, jeden Versuch schwierig, die Sozialleistungen stärker über das Steuersystem zu finanzieren. In allen Ländern haben die sozialpolitischen Besonderheiten – insbesondere der Grad der Verallgemeinerung und der Generosität von garantierten Mindesteinkommen, sofern sie überhaupt vorhanden sind, sowie im Steuersystem das Bestehen und das Ausmaß pauschalierter Steuergutschriften und steuerfreier Einkommensstufen – einen erkennbaren Einfluss darauf, wie leicht eine Entwicklung hin zu einem allgemeinen Grundeinkommen vollzogen werden könnte (Vanderborght 2004a).

Eine haushaltsbezogene Negativsteuer

Ein erster denkbarer Weg zu einem Grundeinkommen könnte darin bestehen, die bestehenden einkommensbezogenen Mindestsicherungselemente in eine auf Haushaltseinkommen bezogene regressive

Negativsteuer umzuwandeln, dessen regressive Wirkung jedoch deutlich geringer wäre als die des bestehenden Systems. In Deutschland wird diese Idee schon seit Mitte der achtziger Jahre unermüdlich vertreten (Mitschke 1985) und ist auch in Frankreich Ende der neunziger Jahre unter der von Roger Godino (1999) geprägten Bezeichnung einer »Einkommensergänzungsleistung« (*allocation compensatrice de revenu*: ACR) diskutiert worden, durch die der Übergang von der Sozialhilfe (RMI) zu einer Erwerbstätigkeit erleichtert werden soll. Ihrem Erfinder zufolge geht es darum, den Geburtsfehler des RMI zu beseitigen: Die französische Variante der Sozialhilfe ermöglicht zwar eine Verringerung der Ungleichheit und der Einkommensarmut, verschärft gleichzeitig jedoch die Tendenz einer zunehmenden Ausgrenzung der Empfänger aus Arbeitsmarkt und Gesellschaft. Im Unterschied zu dieser Sozialleistung ist die ACR mit anderen Einkommensarten kumulierbar, so dass das Gesamtnettoeinkommen derjenigen, die selbst eine gering entlohnte Tätigkeit annehmen, zwangsläufig steigt.

Im Grunde handelt es sich bei Godinos Vorschlag um eine deutliche Senkung der effektiven Grenzsteuersätze im Niedriglohnsektor (vgl. Graphik 5, S. 116). Darüber hinaus bietet er einen politisch wichtigen Vorteil, insofern hier an das bestehende Mindesteinkommen angeknüpft werden kann, das durch den Wegfall einer übermäßigen Anrechnungen beim beruflichen Einstieg der Geringverdiener angehoben wird. In Frankreich ist ein derartiger Vorschlag in den Augen all jener notwendig, die weiter auf den RMI setzen, auch wenn sie sich der Abhängigkeitsfalle bewusst sind, zu der dieses Sozialhilfemodell eben auch beigetragen hat. Daher überrascht es auch nicht, dass die ACR in mehreren offiziellen Berichten, die zu Reflexionen über die Zukunft der Beschäftigungspolitik beitragen sollten, mehrfach Erwähnung fand (Pisani-Ferry 2000). Im Übrigen bildete diese Ergänzungsleistung auch den Kern der Verhandlungen, in deren Folge die sozialistische Regierung den Beschäftigungszuschuss *Prime pour l'emploi* (PPE) eingeführt hat (vgl. II.4). Ähnlich wie der amerikanische EITC handelt es sich hierbei zwar um eine bescheidenere Reform. Gleichwohl ist diese Lohnergänzungsleistung ganz wie die ACR ein wichtiger Schritt auf dem Weg zu einer wirklichen familienbezogenen Negativsteuer (Vanderborght 2001).

Umwandlung der Sozialhilfe in eine Negativsteuer

Graphik 5

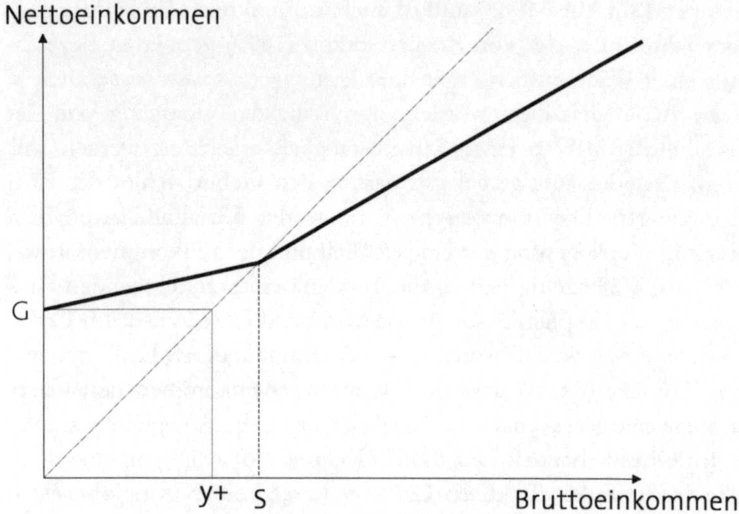

Roger Godinos (1999) Vorschlag, die französische Sozialhilfe in eine »Einkommensergänzungsleistung« (*allocation compensatrice de revenu*: ACR) umzuwandeln, soll den Übergang zwischen Arbeitslosigkeit und Erwerbstätigkeit erleichtern. Für eine allein stehende Person entspräche die ACR dem Leistungsniveau des RMI, das einer Person ohne Erwerbseinkommen zusteht. Der Anspruch entfällt, sobald das Bruttoeinkommen das Niveau des gesetzlichen Mindestlohnes (S) erreicht und nicht mehr wie früher bei Erreichen des deutlich niedrigeren Mindesteinkommens (y+=G). Zwischen diesen beiden Beträgen verringert sich die auszuzahlende Transferleistung um 36 Prozent: Jeder hinzuverdiente Euro wird lediglich zu etwas mehr als einem Drittel – und nicht mehr in voller Höhe wie beim RMI (sieht man einmal von der Möglichkeit einer befristeten Kumulierbarkeit ab) – auf die Hilfe angerechnet. Vergleicht man die Graphiken 2, S. 50 (RMI), 3, S. 52 (Negativsteuer) und 5 oben (ACR) miteinander, so zeigt sich, dass die Einführung einer ACR das Leistungsprofil des RMI im Sinne einer nicht linearen Negativsteuer beeinflussen würde.

Sollte die von Godino angeregte Maßnahme tatsächlich eines Tages eingeführt werden, wäre es nur noch ein kleiner Schritt bis zu einem allgemeinen Grundeinkommen. Vor allem würde man erkennen, dass, wie Thomas Piketty (1999: 28) schreibt, »von einem rein wirtschaftlichen Standpunkt aus« ACR und Grundeinkommen »absolut gleichwertig« sind. Darüber hinaus würden sich allerdings auch bald die Verwaltungskosten jedweder Form von Negativsteuer bemerkbar machen, bei der eine vorherige Prüfung der Einkommens- und Familiensituation eines großen Teils der Haushalte notwendig würde, wenn die genaue Höhe der jeweiligen Transferleistung zu ermitteln wäre (vgl. II.4). Das Haupthindernis auf diesem Weg zum allgemeinen Grundeinkommen läge dann in den hohen Kosten, die mit der individuellen Bemessung der Transferleistungen einhergingen (vgl. III.1).

Eine individuelle und auszahlbare Steuergutschrift

Eine alternative Möglichkeit bestünde darin, von Anfang an streng individuell vorzugehen und nicht von den Sozialleistungstransfers, sondern vom Steuersystem auszugehen. Am weitesten haben sich in diese Richtung die Niederlande vorgewagt. Am 1. Januar 2001 hat das niederländische Parlament auf Initiative der sozialliberalen Regierung eine umfangreiche Steuerreform verabschiedet. Zu den Maßnahmen, die in diesem Zusammenhang getroffen wurden, gehörte auch die Einführung einer in seiner Art einzigartigen auszahlbaren und individuellen Steuergutschrift, die einige niederländische Anhänger des allgemeinen Grundeinkommens hat aufhorchen lassen, weil sie darin im Kern die Einführung eines wirklichen *basisinkomen* sahen (Groot/van der Veen 2000).

Bereits vor der Reform hatten alle Steuerzahler in den Niederlanden Anspruch auf ein Steuergeschenk in Form eines Pauschalbetrags, den sie von ihrem zu versteuernden Einkommen abziehen konnten. Natürlich war dieses Steuergeschenk umso größer, je höher der Grenzsteuersatz und damit auch das Einkommen eines Steuerzahlers waren. Vorgesehen war hier ebenfalls die Möglichkeit einer Übertragung dieses Pauschbetrages unter den Lebenspartnern eines Haushaltes. Der- bzw. zumeist diejenige, die keiner Erwerbsarbeit nachging und folglich auch nicht steuerpflichtig war, konnte ihren Anspruch auf einen Steuerfreibetrag an ihren Partner übertragen.

Im Jahre 2001 trat an die Stelle dieses anrechnungsfreien Pauschbetrags eine »allgemeine Steuersenkung« (*algemene heffingskorting*), die unabhängig von der jeweiligen Einkommenshöhe einer pauschalen und individuellen Steuergutschrift von jährlich rund 1.800 Euro entspricht. Insofern handelt es sich hier also um ein einheitliches Steuergeschenk, das deutlich unterhalb des Pauschbetrages der oberen Einkommensschichten in dem vorherigen System der Steuerbefreiung liegt. Diese profitieren jedoch von anderen Bestimmungen der Reform, die diesen Verlust unter dem Strich mehr als ausgleichen. In den unteren Einkommensklassen ist der direkte Zugewinn gering. Dennoch handelt es sich hier um eine ganz zentrale Änderung, da es von nun an möglich ist, die Steuergutschrift heraufzusetzen, ohne dass dies den besserverdienenden Steuerzahlern überdurchschnittlich zugute kommt.

Was diese allgemeine Steuergutschrift als einen neuen Schritt auf dem Weg zu einem Grundeinkommen erscheinen lässt, ist die Tatsache, dass hier einerseits eine individuelle Anspruchsberechtigung vorliegt und dass sie andererseits direkt ausgezahlt werden kann. Da der Steuervorteil hier nicht mehr in einer Verringerung zu versteuernden Einkommens besteht, sondern in einer für alle gleich hohen Steuergutschrift, ist eine Auszahlung möglich, wenn diese Steuergutschrift höher ist als die Steuerschuld. Im Falle eines Ehepartners, der lieber zu Hause bleibt, kann der Betrag, der ihm direkt aus dem Finanzministerium zufließt, der vollen Höhe der allgemeinen Steuergutschrift entsprechen. Insofern scheint diese Maßnahme einer sehr knapp bemessenen individuellen Negativsteuer stark zu ähneln, ohne dass deswegen ein einziger sozialpolitischer Programmpunkt verändert worden wäre. Steuersystem und garantiertes Mindesteinkommen bleiben weiterhin getrennt voneinander: Während jedoch alle Steuerzahler einen Anspruch auf die Steuergutschrift haben, darf dieser Betrag nur an erwerbslose Ehepartner eines erwerbstätigen und steuerpflichtigen Bürgers überwiesen werden. Sie haben ein Anrecht darauf – darin besteht die eigentliche Neuerung –, ohne dass sie irgendeinen Nachweis über aktive Arbeitssuche oder eine gemeinnützige Tätigkeit erbringen müssten.

Während der Parlamentsdebatten über die Steuerreform im Jahre 2001 wurde der liberale Finanzminister Gerrit Zalm von Abgeordneten der niederländischen Grünen befragt, ob diese allgemeine Steuergutschrift als ein Schritt in Richtung eines Grundeinkommens interpretiert werden könne, worauf der Minister mit einem eindeutigen Nein antwortete. In einem Land, das bereits über Kindergeld, Studienförderung und steuerlich finanzierte Rentenleistungen sowie über eines der großzügigsten Systeme einer bedingten Einkommensgarantie verfügt, fällt es jedoch schwer, darin nicht im Kern das letzte fehlende Glied zu sehen. In seiner Zeit als Leiter des *Centraal Planbureau* hatte sich Gerrit Zalm selbst noch für einen graduellen Übergang zu einem allgemeinen Grundeinkommen ausgesprochen. In einem Interview aus dem Jahre 1993 hatte er gar erklärt, wie die erste Etappe auf diesem Weg auszusehen habe. Die Übertragbarkeit des Pauschbetrags zwischen Lebenspartnern solle wegfallen, eine Maßnahme, die dann ja auch im Jahre 2001 in die Praxis umgesetzt wurde.

Ein partielles allgemeines Grundeinkommen

Der nächste Schritt besteht in der Verbindung von Steuer- und Transfersystem durch die Einführung eines so genannten »partiellen« Grundeinkommens unterhalb des Subsistenzniveaus, das an die Stelle einer schrittweise erhöhten Steuergutschrift und die niedrigste Sozialleistungsstufe tritt. Dieser Vorschlag wurde Mitte der achtziger Jahre in die niederländische Debatte eingebracht (WRR 1985; Dekkers/Nooteboom 1988), wobei das partielle Grundeinkommen auf die Hälfte des damaligen Betrags der Einkommensgarantie für einen Alleinstehenden bemessen wurde und der ausstehende Restbetrag durch Fürsorgeleistungen gewährleistet werden sollte, an die bestimmte Bedingungen geknüpft wurden und die je nach Haushaltsgröße und anderen Kriterien unterschiedlich hoch sein konnten.

Dadurch ließe es sich vermeiden, dass wie im Falle einer plötzlichen Einführung eines »vollständigen« allgemeinen Grundeinkommens die Kosten, die mit einer individuellen Auszahlung und einer vollständigen Kumulierbarkeit mit anderen Einkommen einhergehen, explodieren (III.1). Es bestünde hier durchaus ein individueller Anspruch auf das allgemeine Grundeinkommen, nicht jedoch auf die bedingten Zusatzleistungen. Insofern wäre eine Überprüfung der Haushaltssituation, die allerdings infolge der Entschärfung der Arbeitslosigkeitsfalle weniger Personen betrifft, auch in Zukunft noch notwendig. Darüber hinaus wäre das partielle Grundeinkommen selbst mit anderen Erwerbseinkommen kumulierbar, nicht jedoch die Zusatzleistungen. Zwar bestünde die Arbeitslosigkeitsfalle weiter, doch wäre sie längst nicht mehr so gefährlich. Dadurch dass eine Transferentzugsrate von 100 Prozent für die untersten Einkommen beibehalten wird, müssen die Steuersätze für den Großteil der Einkommensbereiche nicht abrupt angehoben werden.

Warum es manchmal besser ist, die Armen stärker zu besteuern als die Reichen

Sowohl eine mit einer ausdrücklich überhöhten Besteuerung der Geringverdiener kombinierte *Sozialdividende*, wie sie Meade (1988) vorschwebte, oder eine haushaltsbezogene Negativsteuer, eine Art *Bürgergeld* à la Mitschke (1985) als auch die *Einkommensergänzungsleistung* (ACR) Godinos (1999) oder ein *partielles Grundeinkommen*, wie es der WRR (1985) angeregt hatte, beinhalten zwangsläufig eine regressive Grenzsteuerbelastung, wenn man die allzu hohen Kosten bei der Einführung eines »vollständigen« Grundeinkommens vermeiden will. Natürlich ist diese Belastung weniger regressiv als im Falle klassischer Sozialhilfeleistungen. Sie ist aber deutlich regressiver als das Besteuerungsprofil, das mit einer linearen Negativsteuer in der Variante Friedmans (1962), einer Kombination aus Grundeinkommen und Pauschalsteuer (*flat tax*), wie sie zu Illustrationszwecken Atkinson (1995) untersucht hat, oder natürlich einem vollständigen, über eine progressive Einkommensbesteuerung finanzierten Grundeinkommen verbunden ist: Für jeden hinzuverdienten Euro behalten Geringverdiener *netto* weniger als die oberen Einkommensschichten.

Dieses regressive Besteuerungsprofil lässt sich mit Hilfe der Theorie optimaler Besteuerung (Mirrlees 1971; Piketty 1997) rechtfertigen. Das zugrunde liegende Argument lässt sich schematisch wie folgt zusammenfassen. Wenn man dauerhaft ein relativ hohes Grundeinkommen garantieren möchte, ist es besser, sich mit einem hohen faktischen Grenzsteuersatz am unteren Ende des Einkommensspektrums abzufinden, weil dort fast alle Steuerzahler Einkommen und nur wenige ein Grenzeinkommen zu versteuern haben (so dass dadurch einerseits hohe Einnahmen zu erwarten sind und andererseits kaum ein negativer Einfluss auf die Arbeitsanreize zu erwarten ist). Umgekehrt ist es vorteilhaft, in dem höheren Einkommensbereich, in dem es weniger Steuerzahler mit einer kompletten Einkommenstranche und mehr mit einem Grenzeinkommen gibt, einen faktisch niedrigeren Grenzsteuersatz zu veranschlagen. Daraus folgt, dass die Geringverdiener einer höheren Grenzsteuerbelastung unterliegen müssen als die Besserverdienenden, wenn die niedrigen Einkommensschichten langfristig auf einem möglichst hohen Niveau gehalten werden sollen.

Gesellschaftliche Beteiligung als Voraussetzung für ein Grundeinkommen

Trotz aller Vorteile eines allgemeinen Grundeinkommens besteht die Gefahr, dass diese Maßnahme selbst in ihrer partiellen Variante aufgrund ihrer Bedingungslosigkeit, d.h. weil keine Gegenleistung von den Leistungsempfängern verlangt wird, kaum Chancen hat, auch nur auf die politische Agenda zu gelangen. Es ist nicht ausgeschlossen, dass die politisch Verantwortlichen, wenn sie den moralischen Vorbehalten Gehör schenken und einen größeren Teil der Öffentlichkeit nicht verschrecken wollen, sich dagegen sträuben werden, einen Vorschlag ernsthaft in Betracht zu ziehen, bei dem Transferansprüche und produktive Beiträge derart konsequent voneinander getrennt werden.

Um eine derartige Blockade zu verhindern, wurde bisweilen angeregt, die Bedingungslosigkeit des individuellen und allgemeinen Basiseinkommens im Sinne eines *participation income*, wie es der britische Ökonom Anthony Atkinson (1993; 1996) vorgeschlagen hatte (vgl. II.5), zu lockern. Hier hätten die Menschen Anrecht auf eine für alle gleich hohe, individuelle und mit anderen Einkommen kumulierbare Leistung, allerdings nur unter der Voraussetzung, dass sie eine – in einem weit gefassten Sinne – gesellschaftlich nützliche Tätigkeit ausüben. Unter diesen Begriff ließen sich sowohl eine abhängige und eine freiberufliche Erwerbsarbeit in Form einer Voll- oder Teilzeitbeschäftigung als auch nicht bezahlte Familien- oder Vereinstätigkeiten subsumieren.

Ein solcher Vorschlag kann sich auf aktuelle Entwicklungen stützen, die den Begriff der Gegenleistung zu einem Sozialeinkommen zunehmend weiter fassen. Seit 1996 können die niederländischen Stadtverwaltungen beispielsweise Programme verabschieden, mit denen Langzeitarbeitslose durch eine ehrenamtliche Tätigkeit, durch deren regelmäßige Ausübung sie von der Verpflichtung einer Arbeitssuche freigestellt werden können, wieder eingegliedert werden sollen (van Berkel et al. 1999). Ein weiteres Beispiel dafür ist das »Gesetz zur Einkommensunterstützung von Künstlern«, das die Niederlande im Jahre 1999 verabschiedet haben und das eine Entgeltersatzleistung für beschäftigungslose Erwerbspersonen vorsieht, deren Tätigkeit offiziell als »künstlerisch« anerkannt ist. Parallel dazu hat in Belgien eine von der *König-Baudouin-Stiftung* einberufene Kommission vorgeschlagen, die Arbeitslosenversicherung durch eine Versicherung auf der Basis gesellschaftlicher Beteiligung zu ersetzen, wodurch der Leistungsanspruch über die Erwerbslosen hinaus auf alle jene ausgedehnt werden soll, die regelmäßig eine gesellschaftlich nützliche, ehrenamtliche Tätigkeit ausüben (Vanderborght/Van Parijs 2001).

Folgt man Atkinson, so wird bei dem *participation income* der Gedanke eines individuellen Basiseinkommens mit einem erweiterten Verständnis gesellschaftlich nützlicher Arbeit verknüpft, das sich also nicht allein auf die Erwerbsarbeit beschränkt. Durch eine derartige Koppelung an eine verpflichtend vorgeschriebene Gegenleistung würde eine solche Reform sicherlich politisch akzeptabler. Es wäre allerdings auch mit einigen Nachteilen verbunden. Will man diese Bedingung wirklich ernst nehmen, sind Kontrollmechanismen unerlässlich, deren Kosten die verfügbaren Mittel belasten, einen Eingriff in das Privatleben bedeuten und »ehrenamtliche« Tätigkeiten ihrer eigentlichen Bedeutung berauben würden. Vereine mit ehrenamtlichen Mitarbeitern hätten nunmehr die unangenehme Aufgabe, ihre Mitarbeiter quasi polizeilich zu überwachen. Abgesehen davon zeigt die Schwierigkeit, eine authentische künstlerische Tätigkeit von kreativen Ergüssen mit bestenfalls privatem Nutzen zu unterscheiden, wie schwierig es ganz allgemein ist, eine Trennlinie zwischen sozial nützlichen und anderen Aktivitäten zu ziehen, sobald man sich von einer Definition von nützlicher Tätigkeit durch Erwerbstätigkeit für einen staatlichen oder privaten Arbeitgeber verabschiedet hat und die Trennlinie zwischen »nützlicher« und rein privater Tätigkeit auch nicht einfach willkürlich ziehen möchte. Das Beispiel der Künstler zeigt ebenfalls, dass die Befähigung zu einer an sich befriedigenden, unbezahlten Tätigkeit, die die administrative Voraussetzung der »gesellschaftlichen Beteiligung« erfüllt, genauso ungleich verteilt ist, wie die Einkommensperspektiven von dem jeweiligen Bildungsniveau abhängig sind.

Aus all diesen Gründen würde ein bescheidenes *participation income* wohl bald in ein Grundeinkommen im eigentlichen Sinne umgewandelt werden. Allerdings ist es durchaus möglich, dass es kurzfristig einen notwendigen Zwischenschritt darstellt, da es »einen realistischen Ansatz bietet, der die europäischen Regierungen davon zu überzeugen vermag, dass ein derartiges Bürgergeld bessere Entwicklungsperspektiven bietet als die Sozialhilfe mit Bedürftigkeitsprüfung, die notgedrungen in einer Sackgasse mündet« (Atkinson 1998). Frank Vandenbroucke, Bundessozialminister Belgiens von 1999 bis 2003 und Autor einer Doktorarbeit zur Frage der sozialen Gerechtigkeit, in der auch die theoretische Rechtfertigung einer knapp bemessenen bedingungslosen Transferleistung diskutiert wird (Vandenbroucke 2001), äußert sich ganz ähnlich: Ihm zufolge sei ein allgemeines Grundeinkommen, gekoppelt an die flexibel zu handhabende Bedingung einer gesellschaftlichen Teilhabe »vielleicht ein Gebot der politischen Vernunft« (Vandenbroucke 1997).

Ein *participation income* für junge Erwachsene?

Die Entwicklung eines *participation income* hin zu einem wirklichen Grundeinkommen ist offensichtlich für jenen Teil der Bevölkerung, der jede Form des Paternalismus ablehnt, durchaus wünschenswert. Andererseits kann man sich auch fragen, ob die Bedingung einer allerdings genau zu definierenden gesellschaftlichen Beteiligung für junge Erwachsene nicht doch eine praktikable und selbst im Namen der »realen Freiheit für alle« noch begründbare Lösung wäre.

Immerhin ist der Anspruch auf Kindergeld an die Schulpflicht, die staatliche Finanzierung des Hochschulstudiums und die BAföG-Leistungen zwangsläufig an ein Studium gekoppelt. Wer seine (hoch)schulische Ausbildung früher beendet und damit – von seinem familiären Hintergrund als auch von seinen Lebenschancen her – wahrscheinlich auch einer weniger begünstigten gesellschaftlichen Gruppe angehört, wird von derartigen Leistungen nicht mehr profitieren können. Ein Basiseinkommen für jüngere Erwachsene würde die gegenwärtig ausschließlich den Schülern und Studenten vorbehaltene Finanzierung nach Art eines generalisierten Stipendiums über diesen privilegierten Personenkreis hinaus ausweiten. Allerdings ließe sich dieses Basiseinkommen durchaus – nach gegebenenfalls variierbaren Modalitäten – an die Bedingung einer Ausbildung im weiteren Sinne knüpfen.

Was die Minderjährigen betrifft, so beziehen sie ein allgemeines Grundeinkommen in Gestalt eines kostenlosen Bildungssystems und eines an die Schulpflicht gebundenen Kindergeldes. In Bezug auf junge Erwachsene könnte das Grundeinkommen mit einer weniger verpflichtenden und flexibleren Bedingung einhergehen. Dadurch könnten all jene beruhigt werden, die befürchten, dass viele sich mit einem bequemen, wenn auch bescheidenen Leben, einem Zimmer in einer Wohngemeinschaft und gegebenenfalls Gelegenheitsjobs mit arbeitsrechtlichem Sonderstatus zufrieden geben und dass sie zu spät erkennen, dass sie sich um eine bessere Ausbildung hätten bemühen müssen, um eine Familie anständig ernähren zu können (Bovenberg/van der Ploeg 1995).

4. Unbegangene Pfade

Alternative Modelle

Die Wege zu einem allgemeinen Grundeinkommen, die hier gerade aufgezeigt wurden, basieren auf einer vollständigen Reform der Transferleistungen und der Besteuerung natürlicher Personen. Darüber hinaus ließe sich natürlich auch über völlig andersartige Ansätze nachdenken, bei denen die bestehenden Steuer- und Transfersysteme durch ein Grundeinkommen ergänzt würden, das aus anderen Quellen finanziert würde. Zu einem derartigen Modell gehört die Dividende, die alle Einwohner des Staates Alaska aus dem Ertrag eines Erdölfonds beziehen (vgl. I.4 und II.2). Auffällig ist, dass einige Kommentatoren, die die Bedingungslosigkeit des allgemeinen Grundeinkommens aus ethischen Erwägungen nachdrücklich ablehnen, durchaus bereit sind, das Grundeinkommen unter diesen Finanzierungsvoraussetzungen als legitim anzuerkennen (Anderson 2001).

Lässt sich dieses Modell verallgemeinern? Offensichtlich haben andere Regionen, die sich – wie Norwegen oder die kanadische Provinz Alberta – in einer ähnlichen Situation befinden, andere Wege eingeschlagen als Alaska. Andererseits hat das Dividendenmodell jedoch zu diversen Vorschlägen geführt, die andere Länder mit großen Erdölreserven betreffen. Beispielsweise wurde im Frühjahr 2003 von mehreren Mitgliedern des amerikanischen Kongresses die Forderung nach einem ähnlichen System für den Irak erhoben (Clemons 2003). Im Juni 2003 wurden zu dieser Forderung sogar die amerikanischen Wähler befragt, die ihr mit 59 zu 23 Prozent zustimmten. Ein ähnliches Projekt wird in einer zusammen mit einem wissenschaftlichen Mitarbeiter des Internationalen Währungsfonds verfassten fachwissenschaftlichen Publikation des Ökonomen der Columbia-Universität, Sala-i-Martin, für Nigeria beschrieben, analysiert und letztlich befürwortet (Sala-i-Martin/Subramanian, 2003).

Natürlich wäre es vorstellbar, dieses Modell neben dem Erdöl noch auf andere natürliche Ressourcen zu übertragen, wie zum Beispiel auf die Aufnahmefähigkeit der Atmosphäre für Emissionen. Anstatt die Verschmutzungsrechte, die der Europäischen Union im Rahmen des Kyoto-Protokolls zugebilligt wurden, kostenlos zu verteilen, wäre es auch denkbar gewesen, sie meistbietend zu versteigern und die Einnahmen in Form eines allgemeinen Grundeinkommens unter allen Bürgern umzuverteilen.

Derartige Überlegungen liegen letztlich auch Vorschlägen zugrunde, die das Grundeinkommen über eine Besteuerung des Energieverbrauchs finanzieren wollen. Der Verbrauch fossiler Energie trägt nämlich nicht nur dazu bei, dass eine knappe Ressource langsam zur Neige geht und dass die globale Aufnahmefähigkeit der Atmosphäre an ihre Grenzen stößt. Darüber hinaus produziert er lokal verschiedene, schädliche Immissionen, welche die gesamte Bevölkerung mehr oder weniger gleichermaßen belasten. Das ist ein dritter, von den beiden ersten logisch unabhängiger Grund dafür, dass als Finanzierungsquelle eines allgemeinen Grundeinkommens vorwiegend der Energieverbrauch besteuert werden sollte (Robertson 1994; Genet/Van Parijs, 1992).

Von einer derartigen Energiesteuer ist es dann nur noch ein kleiner Schritt bis zur Verbrauchssteuer als Finanzierungsbasis. Dafür werben – bisweilen vehement – etwa Roland Duchâtelet aus Belgien oder Pieter Leroux aus Südafrika, da Verbrauchssteuern in ihren Augen eine angemessenere Finanzierung des Grundeinkommens bietet als eine Einkommensbesteuerung natürlicher Personen, die sich durch Steuerbefreiungen und steuerliche Subventionen oft regressiv auswirken. Auch wenn die Begründungen von Land zu Land verschieden ausfallen können, beruht das Hauptargument darauf, dass eine solche Steuer eine deutlich breitere Finanzierungsbasis sichere als eine Einkommensteuer, die hauptsächlich Einkünfte aus Erwerbstätigkeit belastet. In gewisser Hinsicht ist ein sehr knapp bemessenes allgemeines Grundeinkommen ein natürliches Korrelat zu jeder Form einer Mehrwertsteuer, egal zu welchem Zweck sie erhoben wird: Wenn ein Grundeinkommen auf dem Niveau der Armutsschwelle, multipliziert mit der Mehrwertsteuer, festgesetzt würde – bei einer Armutsschwelle von monatlich 500 Euro pro Person und einer Mehrwertsteuer von 20 Prozent beliefe sich das monatliche Grundeinkommen auf 100 Euro –, entspräche es im Falle einer indirekten Besteuerung genau dem Steuerfreibetrag jener Einkommensschichten, die sich unterhalb der Armutsschwelle befinden. Damit könnte gewährleistet werden, dass die Geringverdiener nicht auch noch steuerlich schlechter gestellt würden. Sowohl in Europa als auch in Südafrika gehen die Forderungen jedoch viel weiter (gemessen an dem jeweiligen Durchschnittseinkommen), da sie zur Finanzierung eines allgemeinen Grundeinkommens eine deutliche Anhebung der bestehenden Mehrwertsteuersätze vorsehen.

Allgemeines Grundeinkommen und Einwanderung

Auf die Frage, ob ein großzügig bemessenes Grundeinkommen heute mit offenen Grenzen überhaupt vereinbar ist, muss die Antwort selbstverständlich negativ ausfallen. Das gilt allerdings nicht nur für das Grundeinkommen. Auch jede bedingte Grundsicherung bzw. Bezuschussung für gering Qualifizierte ist ab einer gewissen Höhe durch selektive Migrationsanreize, die von ihr ausgehen, in ihrem Bestand gefährdet. Solange die weltweiten Lebensbedingungen ein derartiges Ungleichgewicht aufweisen, wird auch in Zukunft zwischen der notwendigen Solidarität mit all jenen, die bei uns Zuflucht suchen, und der erforderlichen Solidarität mit den Schwächsten innerhalb unserer eigenen Gesellschaft ein grausamer Konflikt fortbestehen, sind es doch gerade die Schwächsten, die unter dem Zusammenbruch der nationalen Sicherungssysteme, zu dem eine völlige Öffnung der Grenzen unausweichlich führen würde, am meisten leiden würden – und dies unabhängig davon, ob ein allgemeines Grundeinkommen besteht oder nicht.

Wenn jedoch die Türen nur halb oder nur einem kleinen Teil der Weltbevölkerung wirklich offen stehen, ist ein Grundeinkommen finanzierbar. Genau wie bei jedem anderen großzügig bemessenen sozialen Sicherungssystem ist es allerdings umso sicherer, je wirksamer ein Land eine gezielte Einwanderung von Nettoempfängern etwa durch Wartezeiten zu verhindern und eine selektive Auswanderung von Nettozahlern durch Appell an patriotische Solidargefühle zu begrenzen vermag. Darüber hinaus ist ein Grundeinkommen genau wie jedes andere soziale Sicherungssystem umso stabiler, je höher die administrative Ebene [A.d.Ü.: kommunal, regional, national, transnational] ist, auf dem es organisiert ist, weil dadurch eine steuer- und sozialpolitische Konkurrenz zwischen den verschiedenen Ländern oder Regionen begrenzt werden kann.

Lässt sich folglich die Behauptung aufstellen, dass das allgemeine Grundeinkommen keine migrationspolitischen Sonderprobleme aufwirft? Wenn die Einwanderer einen hohen Anteil an der Bevölkerung ausmachen, ist deren angemessene Integration in die Gastgesellschaft von großer Bedeutung, um dauerhaft großzügige Solidarleistungen sowohl wirtschaftlich finanzierbar als auch politisch tragbar zu machen. Dadurch kann nämlich verhindert werden, dass sich räumlich konzentrierte, schwer in das Produktivsystem integrierbare Bevölkerungsgruppen über Generationen hinweg vergrößern und verstetigen und das gesamtgesellschaftliche Solidargefühl zunehmend brüchig wird. Als »lockerere« Variante des aktivierenden Sozialstaates (vgl. IV.2) ist damit zu rechnen, dass das Grundeinkommen in diesem Punkt besser funktioniert als Sozialsysteme, die in die Sozialhilfefalle führen, schlechter jedoch als Systeme mit stärkeren Zwangs- und Kontrollmechanismen. Gerade wenn die Gefahr besteht, dass durch unzureichende Kenntnisse der Landessprache und eine Gettoisierung des Wohn- oder

Schulumfeldes ein Teufelskreis der sozialen Ausgrenzung entsteht, ist es – ähnlich wie im Zusammenhang mit einem *participation income* für junge Erwachsene (vgl. IV.3) – durchaus denkbar, den Anspruch der Neuankömmlinge auf das Grundeinkommen an den Erwerb hinreichender sprachlicher Kenntnisse des Gastlandes zu knüpfen.

Eine Eurodividende?

Manche dieser alternativen Finanzierungsmodelle lassen sich nur schwer im Rahmen des Nationalstaates umsetzen. In Europa beispielsweise hängt der Mehrwertsteuersatz zu großen Teilen von der Gesetzgebung der Europäischen Union ab, und ein Staat dürfte wohl kaum Verschmutzungsrechte an seine Unternehmen verkaufen, während die Betriebe sie in den Nachbarländern gratis erhalten. Daher gewinnen diese Modelle an Relevanz, wenn man eine höhere Umsetzungsebene zugrunde legt. Außerdem lässt sich so das Problem der großen und komplexen Vielfalt der Einkommensteuersysteme für natürliche Personen sowie der jeweils landesspezifischen Definition des zu versteuernden Einkommens umgehen. Insofern ist es auch nicht weiter überraschend, dass parallel zur Erkundung von alternativen Finanzierungsmodellen über die Möglichkeit eines supranationalen allgemeinen Grundeinkommens nachgedacht wird.

Angesichts der lauter werdenden Forderung nach einem »sozialeren« Europa darf man wohl auch darüber nachdenken, wie eine derartige Mindestsicherung europaweit organisiert werden könnte. Philippe Schmitter und Michael Bauer (2001) haben in diesem Zusammenhang beispielsweise für die Einführung eines *Euro-Stipendiums* für die ärmsten Bürger Europas plädiert. Sie sind der Ansicht, dass in Anbetracht der Schwierigkeiten im Zusammenhang mit der gemeinsamen Agrarpolitik und der Verwaltung der Strukturfonds eine Neuverteilung dieser Finanzmittel zur Einkommenssicherung innerhalb der Europäischen Union durchaus wünschenswert wäre. Ihnen zufolge sollte jeder europäische Bürger, dessen Einkommen ein Drittel des durchschnittlichen Jahreseinkommens in der EU, d.h. ungefähr 5.200 Euro (EU 15 im Jahre 2001), nicht übersteigt, jährlich einen Betrag von 1.000 Euro beziehen. Eine solche Maßnahme würde sicherlich unter offensichtlichen Strukturmängeln leiden, die prinzipiell durch eine Modifizierung im Sinne einer Negativsteuer behoben werden könnten. Aufgrund der ausgeprägten Unterschiede zwischen den Steuer- und Sozialsystemen der Mitgliedstaaten ist eine solche Möglichkeit jedoch überaus problematisch.

Eine radikalere, gleichwohl jedoch realistischere Lösung wäre, von Anfang an ein allgemeines Grundeinkommen europaweit einzuführen, das sich nach den Lebenshaltungskosten der jeweiligen Mitgliedsstaaten richten würde. In den wohlhabendsten Ländern könnte diese »Eurodividende« beispielsweise bei 1.000 Euro jährlich liegen, in den anderen niedriger bemessen sein. In dem Maße, wie die Preis- und Einkommensentwicklung konvergiert, würde sich der Betrag im Laufe der Zeit nach oben angleichen (Van Parijs/Vanderborght 2001). Allerdings könnte eine Eurodividende selbst auf einem derartig niedrigen Niveau nicht ausschließlich durch eine Umverteilung eines Teils der Agrarausgaben und des Strukturfonds finanziert werden. Ergänzt werden könnte diese Finanzierung völlig unproblematisch, indem ein Teil der erhobenen Mehrwertsteuer der EU zugute käme.

Noch innovativer wäre eine Finanzierung über eine europaweite Besteuerung umweltfeindlicher Energien, die in etwa den Umweltkosten entspräche, die durch deren Nutzung entstehen. Damit ließe sich gegenwärtig ein Grundeinkommen in Höhe von 1.500 Euro jährlich finanzieren (Genet/Van Parijs 1992). Eine europaweit organisierte Finanzierung durch die Veräußerung von Verschmutzungsrechten wäre auf einem niedrigeren Niveau ein ganz ähnlicher Ansatz. In beiden Fällen wäre eine Verknüpfung mit den sehr unterschiedlichen nationalen Steuer- und Transfersystemen völlig unproblematisch: Jedes Land könnte seine eigenen Organisationsformen behalten und gleichzeitig die bescheidene Einkommensbasis in seine genau berechneten nationalen Umverteilungsinstitutionen mit einkalkulieren, die etwa auch ein steuerfinanziertes *participation income* enthalten könnten.

So könnte eine Eurodividende als Modell dienen und den Weg zu einer Dividende für alle Bürger des Globus ebnen. Dass beide gegenwärtig utopisch sind, ändert nichts an der Tatsache, dass die damit verbundenen Möglichkeiten und Probleme dringend untersucht werden sollten. Nur wenn wir heute kohärente Strategien entwickeln und gangbare Wege aufzeigen, können wir morgen vielleicht die Gelegenheit beim Schopfe packen und uns auf einem dieser Wege vorwagen.

Schlussbemerkung

Handelt es sich bei dem allgemeinen Grundeinkommen um eine neue Idee? Der eigentliche Gedanke selbst reicht mindestens zwei Jahrhunderte zurück, wird allerdings erst seit kurzem wirklich ernsthaft debattiert.

Handelt es sich um eine oder um mehrere Ideen? Der Grundgedanke ist äußerst simpel, aber seine Varianten unterscheiden sich manchmal stärker voneinander als jede einzelne dieser Varianten von benachbarten, aber ganz anders ansetzenden sozialpolitischen Vorstellungen.

Handelt es sich um eine gerechte Idee? Wenn Gerechtigkeit sowohl etwas mit Gleichheit als auch mit Freiheit zu tun hat, ist es schwierig, der Forderung nach einem bedingungslosen Einkommen, das jedem Einzelnen in gleicher Höhe zusteht und ein Mindestmaß an wirtschaftlicher Ungebundenheit garantiert, keinerlei Interesse zu schenken. Um allerdings die vielfältigen möglichen Einwände zu entkräften, sollte man genau definieren, worin das zugrunde liegende Ideal eigentlich besteht, und auch die Annahmen über soziale Sachverhalte offen legen, die das Grundeinkommen zu einem (diesem Ideal entsprechenden) Instrument im Kampf gegen Armut und Arbeitslosigkeit machen.

Handelt es sich um eine zukunftsfähige Idee? Sowohl in den Ländern, die bereits über eine Mindestsicherung verfügen, als auch in verschiedenen anderen Staaten weisen diverse Reformen, die von mehr oder weniger einflussreichen Organisationen manchmal lediglich gefordert, manchmal auch von den Machtinhabern ernsthaft ins Auge gefasst und vereinzelt sogar bereits umgesetzt wurden, mehr oder weniger deutlich in diese Richtung.

Ob diese Reformen letztlich zur Einführung eines wirklichen Grundeinkommens in einem Land und später vielleicht auch auf einer höheren Ebene führen werden, wird nicht zuletzt davon abhängen, inwieweit wir bereit sind, uns intellektuell darauf einzulassen, d.h. vorurteilslos und unvoreingenommen verstehen zu wollen, worin das Grundeinkommen besteht, welche Gründe dafür und welche dagegen sprechen. Es wird allerdings auch von dem politischen Willen abhängen, der durch dieses Bemühen um ein besseres Verständnis begründet, gefördert und gesteuert wird. Keiner dieser beiden Kämpfe ist bereits gewonnen. Um den Ausgang dieser Auseinandersetzung zu beeinflussen, kann es sicherlich nicht schaden, klar zu betrachten, welche relevanten Überlegungen uns die Sozialwissenschaften hierfür bieten und welche Gerechtigkeitsanforderungen sich stellen.

Auch das allgemeine Wahlrecht wurde anfänglich als ein Phantasiegebilde einiger Exzentriker abgetan. Heute jedoch erscheint es allen als eine Selbstverständlichkeit.

Nachwort: Armut, Arbeitsmarkt und Autonomie

Claus Offe

Was Vanderborght und Van Parijs in diesem kleinen Buch erstmals bieten, ist ein gedrängtes Kompendium der Idee des allgemeinen Grundeinkommens. Es umfasst die Geschichte dieser ordnungs- und sozialpolitischen Idee und die respektable Ahnengalerie ihrer Vorläufer, ihre aktuellen Varianten und Realisierungsansätze, gerechtigkeitstheoretische und funktionale Begründungen des allgemeinen Grundeinkommens und die Probleme und aussichtsreichen Strategien seiner politischen Durchsetzung. Souverän handeln die beiden Verfasser die einschlägigen Ausschnitte aus der politischen Ideengeschichte, den modernen sozialphilosophischen Gerechtigkeitstheorien, den aktuellen sozial- und arbeitsmarktpolitischen Problemen (nicht nur) der OECD-Welt und den Theorien des Staatshaushaltes und des Steuerwesens ab. In den gegenwärtigen deutschen und europäischen Debatten über die Reform von Arbeitsmarkt und Sozialstaat spielt der Vorschlag eines allgemeinen Grundeinkommens, das an die Stelle herkömmlicher Modelle sozialer Hilfen treten würde, die Rolle eines Reformprojekts, das von einer politisch durchaus buntscheckigen Koalition von Befürwortern getragen wird. Im Jahre 2004 hat sich ein deutsches »Netzwerk Grundeinkommen« gebildet, das korporatives Mitglied des inzwischen weltweit agierenden *Basic Income Earth* (vormals, seit seiner Gründung 1986: *European*) *Network* (BIEN) ist. National wie international handelt es sich bei diesen Netzwerken um eine Innovations- und Ideenwerkstatt, an der Personen aus Wissenschaft, Parteien, Gewerkschaften, Kirchen und internationalen Organisationen beteiligt sind.

Vanderborght und Van Parijs haben, obwohl sie zu den international profiliertesten intellektuellen Vorkämpfern für ein allgemeines Grundeinkommen gehören, kein Manifest geschrieben, sondern sie haben das manchmal unübersichtliche Gefüge von unterstützenden und Gegenargumenten beschrieben, in dessen Mittelpunkt die Idee des Grundeinkommens steht. Sie sind davon überzeugt, daran lassen sie keinen Zweifel, dass es sich beim Grundeinkommen um ein radikales Programm zur Durchsetzung politischer und sozialer Gerechtigkeitsansprüche handelt, das allerdings zur Praxistauglichkeit erst noch weiterentwickelt werden muss. Von solchen Konkretisierungen hängt dann auch die Frage des Finanzbedarfs, seiner Gegenfinanzierung durch eingesparte sozialpolitische Haushaltsmittel und der beschäftigungs- und wirtschaftspolitischen Auswirkungen der alternativen Finanzierungswege ab. Falls diese Konkretisierung gelingt, kann das allgemeine Grundeinkommen eine wichtige Rolle in dem Prozess spielen, in dem fortgeschrittene (wie ebenso weniger fortgeschrittene) kapitalistische Industriegesellschaften ihre Widersprüche, Strukturprobleme und Gerechtigkeitslücken in einer prononciert freiheitlichen (»links-libertären«, der Grundnorm gleicher realer Freiheit verpflichteten) Weise und im Rahmen eines neuartigen Systems ökonomischer Bürgerrechte bewältigen werden.

Die Verfasser und der Verlag haben mich um dieses Nachwort zur deutschsprachigen Ausgabe der Schrift gebeten. Ich nutze diese Gelegenheit, um aus meiner Sicht und vor dem Horizont der in Deutschland gegenwärtig (Sommer 2005) geführten Auseinandersetzungen drei Fragen zu erörtern, die bei Debatten um das Modell eines allgemeinen Grundeinkommens regelmäßig im Mittelpunkt stehen. Diese Fragen sind: (1) Worin besteht der normative Leitgedanke des Grundeinkommens? (2) Mit welchen politisch-moralischen Gegenargumenten, institutionellen Traditionen und sozialökonomischen Interessen müssen sich Befürworter des Grundeinkommens auseinandersetzen? (3) Welchen funktionalen Beitrag kann die Einführung eines allgemeinen Grundeinkommens zur Bewältigung akuter Struktur- und Steuerungsprobleme »reifer« kapitalistischer Gesellschaften leisten? Unter dem allgemeinen Grundeinkommen wird dabei, wie in der lebhaften internationalen Diskussion zum Thema üblich, eine steuerfinanzierte, an keinerlei Bedingungen (außer der des dauerhaften Einwohnerstatus) gebundene, individualisierte, monetäre, regelmäßig ausgezahlte (oder auch kapitalisierte und dann als »Startkapital« zur Verfügung gestellte) Transferleistung verstanden, die der gesellschaftspolitischen Zielvorstellung nach zumindest mittelfristig ein existenzsicherndes und damit armutvermeidendes Niveau erreichen soll.

I.

Wenn das allgemeine Grundeinkommen die Antwort ist, was ist dann die Frage? Jede Wirtschaftsgesellschaft, so viel dürfte unstrittig sein, erhält und reproduziert sich dadurch, dass sie für die beiden ökonomischen Zentralprobleme eine Lösung findet. Das eine ist das *Produktionsproblem*, das durch die institutionell geregelte Beantwortung der Frage gelöst wird, welche Personen welche Arbeitsaufgaben übernehmen sollen. Das andere Problem ist das *Verteilungsproblem*: Wer hat, gleichsam *nach* getaner Arbeit, einen Anspruch auf welchen Teil des Produkts? Kapitalistische Gesellschaften sind nun der einzige bekannte Fall einer wirtschaftlichen Ordnung, in dem beide Zentralprobleme *uno actu* gelöst werden, nämlich, soweit wir es mit einer überwiegenden Zahl von abhängig Beschäftigten zu tun haben, durch Arbeitsverträge, im übrigen durch Renditen aus produktiver Verwendung von Kapital. Arbeitszeitverträge legen im Rahmen der Vertragsfreiheit und des betrieblichen Leitungsregimes fest, wer welche Arbeitsaufgaben zu erledigen hat; zugleich normieren sie, welche Entgelte für die Erledigung dieser Aufgaben den einzelnen Arbeitspersonen zustehen.

Diese (Brutto-)Entgelte der beschäftigten Arbeitskräfte müssen *ausreichend* hoch sein, um nicht nur die arbeitende Person, sondern zugleich auch (noch) nicht erwerbstätige Haushaltsmitglieder zu alimentieren; sie müssen außerdem auch ausreichen, um – gleichviel auf welchem Finanzierungsweg (Ersparnisbildung, Sozialversicherung, fiskalische Abschöpfung usw.) – die arbeitende Person selbst mit zukünftigem Einkommen auszustatten, und zwar in der Lebensphase, in der sie nicht mehr arbeiten kann, will oder darf – das Thema der Altersvorsorge. Auf der anderen Seite dürfen diese Entgelte nicht *so* hoch sein, dass die auf der Nachfrageseite anfallenden Beschäftigungskosten die Nachfrage nach Arbeitskräften drosselt. Es ist nicht leicht, die Parameter dieses Einkommens-Korridors zu bestimmen; es ist nicht einmal gewiss, dass es diesen Korridor überhaupt und noch dazu dauerhaft gibt, insofern ja das Minimum des »bedarfsadäquaten« Einkommens durchaus *oberhalb* des Maximums eines eben noch »beschäftigungs-unschädlichen« Niveaus der Arbeitskosten liegen kann. *Über*schreiten die Beschäftigungskosten dieses Maximum, so sind entweder (in einer offenen Ökonomie) Produktionsverlagerungen oder (in einer innovations-intensiven Ökonomie) die verstärkte Nutzung des arbeitssparenden technischen Wandels die Folge. *Unter*schreiten die Arbeitsentgelte dagegen jenes Minimum, so tritt als Folge ein, dass die Systeme der sozialen Sicherung und ihre Finanzierung prekär werden. Die arbeitsmarkt- und sozialpolitische Problemlage, die gegenwärtig und auf absehbare Zeit in der Bundesrepublik Deutschland vorliegt, ist ein dramatischer Beweis dafür, dass *beide* Misslichkeiten gleichzeitig auftreten können. Die Bruttolöhne bzw. Beschäftigungskosten sind dann »zu hoch«, weil sie einen weiteren Beschäftigungsabbau induzieren, aber gleichzeitig »zu niedrig«, um angesichts der gegebenen Arbeitsmarkt- und demographischen Situation sowohl den Bedarf der Arbeitnehmerhaushalte wie die Kosten der sozialen Sicherung decken zu können. Die beiden Probleme interagieren in der Weise, dass die Lösung der jeweils einen Seite des Problems die Aussichten auf eine Lösung der anderen Seite verschlechtert.

Die simultane arbeitsvertragliche Lösung von Produktions- und Verteilungsproblemen hat enorme evolutionäre Vorteile. Verträge können zumindest von einer der beiden Seiten, meist aber von beiden, beendet werden und sind insofern in hohem Maße kontingente Verknüpfungen zwischen Akteuren, die der wachsenden Produktivität wirtschaftlicher Aktivitäten insgesamt zugute kommen. Die für kapitalistische Arbeitsvertragsgesellschaften charakteristische Lösung des wirtschaftlichen Doppel-Problems von Produktion und Verteilung hat indes auch Nachteile. Drei dieser Nachteile sind geläufig: Armut, Arbeitslosigkeit, Autonomieverlust.

Armut (sowohl im Sinne von Einkommensarmut als auch im weiteren, oft aus dieser folgenden Sinne von sozialer Marginalisierung und chronischer Desorganisation der Lebensführung) betrifft diejenigen, die mangels ausreichender persönlicher Produktivität oder *employability* einen dauerhaften Zugang zur Erwerbsarbeit nicht finden. Darüberhinaus betrifft sie die *working poor*, die mangels zureichender individueller Produktivität oder kollektiver Organisationsmacht keine existenzsichernden Löhne erzielen können.

(Unfreiwillige) *Arbeitslosigkeit* betrifft vor allem diejenigen, die (über kurze Phasen der Such- oder saisonalen Arbeitslosigkeit hinaus) trotz des ihnen von Gesetzgebung und Administration aus Gründen ihres Lebensalters und ihrer physisch-psychischen Verfassung zugeschriebenen Merkmals der »Arbeitsfähigkeit« nicht in der Lage sind, arbeitsvertragliche Beschäftigung zu finden und so zumindest Teile ihres eigenen Lebensbedarfs aus eigener Erwerbstätigkeit zu decken.

Autonomieverluste, d.h. Beeinträchtigungen der Freiheit, in Übereinstimmung mit sozialen und rechtlichen Normen die eigene Lebensweise frei zu wählen, sind nicht nur unmittelbare Begleiterscheinungen von Armut und Arbeitslosigkeit, sondern ebenso die Folge von politisch-administrativen Maßnahmen und Programmen, die nach der Logik von *workfare* die Arbeitslosen »aktivieren« und in Beschäftigungsverhältnisse eingliedern sollen. Von Autonomie kann man dann sinnvoll sprechen, wenn Akteure Wahlmöglichkeiten haben, deren Gebrauch es ihnen erlaubt, sich selbst im zukünftigen Rückblick als (zumindest relevante Mit-)Urheber ihres weiteren Geschicks zu verstehen, d.h. sich nicht allein als Spielball des Marktgeschehens oder administrativer Weisungen zu erfahren. Autonomieverluste sind zwar keine zwangsläufige, aber eine häufig bemerkte und kritisierte tatsächliche Folge solcher politischer Interventionen. Diese treten dann auf, wenn etwa im Namen einer generalisierten »Zumutbarkeit« Berufs-, Einkommens-, Tarif-, Kündigungsschutz sowie freie Wahl des Wohnorts entfallen und Langzeit-Arbeitslose im Dienste des Eingliederungsziels unter Androhung empfindlicher sozialrechtlicher Nachteile genötigt werden, zum Teil Tätigkeiten jeder Art an jedem Ort zu jeder Bezahlung auszuüben. Ein zentrales Merkmal von Autonomie ist zweifellos mein Recht, am gewählten Wohnort weiterhin zu wohnen und dort Tätigkeiten auszuüben, die »zu mir passen«. Die Parole »Freiheit statt Vollbeschäftigung«, die von einem Teil der deutschen intellektuellen Vorkämpfer für ein allgemeines Grundeinkommen zur bündigen Begründung ihres Anliegens verwendet wird, macht auf den Zusammenhang aufmerksam, der zwischen »Eingliederungsmaßnahmen« und der Verletzung der Menschenwürde von administrativ Eingegliederten zumindest bestehen *kann* und wegen des Erfolgsdrucks, dem die Administration unterliegt, auch mit hoher Wahrscheinlichkeit eintreten wird. Die von Regierungen und Parteien dagegen gehaltene Parole, »jede Arbeit« sei besser als »keine Arbeit«, lässt keinen Zweifel an der intendierten Nachrangigkeit von Ansprüchen erwachsener Menschen auf Schutz und Würde; der elementarste unter diesen Ansprüchen ist das Recht, zu einer bestimmten angesonnenen Betätigung »nein« zu sagen.

An verschiedenen Stellen ihrer Schrift kommen die Verfasser auf den wichtigen und vielfach bestätigten Sachverhalt zu sprechen, dass eine unter materieller Nötigung seitens der Verwaltung ausgeübte Tätigkeit nicht nur elementare Freiheitsinteressen der Tätigen, sondern ebenso die wirtschaftlichen Interessen ihrer Beschäftiger verletzt (ganz abgesehen von den Interessen derjenigen, die selbst »keine Arbeit« mehr haben, weil die Klienten der Arbeitsverwaltung »jede Arbeit« zu über- und ihnen damit wegzunehmen veranlasst werden). Für ein mehr oder weniger genötigtes Arbeitsangebot gibt es deswegen auch nur eine zögerliche Nachfrage. Die in den Medien berichtete Weigerung deutscher Spargelbauern, für die Spargelernte einheimische Langzeit-Arbeitslose (an Stelle bewährter polnischer »Fremdarbeiter«) zu beschäftigen, illustriert nur die Faustregel, dass genötigte Arbeitnehmer unter-produktive Arbeitnehmer sind, weil ihnen der Faktor subjektiver Bereitschaft zur Ausübung einer konkreten Tätigkeit, die Identifikation mit einer Aufgabe abgeht. Dabei führt der kurzschlüssige Ausweg, fehlende subjektive Dispositionen durch verschärfte Bewachung zu kompensieren, nur zu zusätzlichen Personal- und Konfliktkosten, kaum dagegen zum angestrebten Erfolg. – Gewiss kann dabei nicht kategorisch ausgeschlossen werden, dass die administrative Disziplinierung arbeitsloser Arbeitskräfte auch zu einer positiv zu wertenden Art von »Aktivierung« führen kann, die von ihnen selbst im zukünftigen Rückblick als Gewinn an beruflichen und allgemeinen Lebenschancen erfahren und gewürdigt wird. Doch dabei würde es sich angesichts der aktuellen quantitativen und qualitativen Nachfrage-Situation am Arbeitsmarkt um eine glückliche Fügung im Einzelfall handeln, nicht um etwas, das als Ergebnis von *workfare*-Programmen angezielt und systematisch bewirkt würde.

Die Geschichte der Wohlfahrts- bzw. Sozialstaaten in der OECD-Welt zeigt, bei allen Unterschieden ihrer institutionellen Struktur, das gemeinsame Entwicklungsmuster der institutionellen *Differenzierung* der Einrichtungen und Programme, die mit den drei problematischen Tatbeständen der Armut, der Arbeitslosigkeit und des Autonomieverlusts in der Erwerbsarbeit befasst sind. So sind für das Problem der *Armut* meist auf kommunaler Ebene arbeitende und kommunal finanzierte Einrichtungen der Fürsorge und Hilfe zuständig, deren Aufgabe darin besteht, die Armutsbevölkerung nach einer ganzen Reihe von Kategorien (wirklich vs. nur vorgeblich Arme, arbeitsfähige vs. arbeitsunfähige, hiesige vs. fremde Arme usw.) zu sortieren, laufend zu beobachten und die ihnen gesetzlich zustehenden Geld- oder Sachleistungen zuzuweisen. Ganz andere institutionelle Strukturen finden sich im Problemfeld der *Arbeitslosigkeit*; in ihm ist die staatliche Wirtschafts- und Beschäftigungspolitik tätig, vor allem aber die Behörden der Arbeitsverwaltung und der Arbeitslosenversicherung, die ihre arbeitslos *gewordenen* (nicht: immer schon erwerbslos *gewesenen*) Klienten mit den Mitteln der Beratung, Vermittlung, Zuweisung von Lohnersatzleistungen, Arbeitsbeschaffungsmaßnahmen, Umschulung, Weiterbildung, Lohn- und Lohnkostenzuschüssen usw. und mit dem Ziel ihrer Wiedereingliederung in Arbeitsverhältnisse versorgt und behandelt. Wiederum ganz anders ist das Feld organisiert, in dem es um *Autonomie* und Würde in der Arbeit geht. Hier finden wir eine lange Tradition von gesetzgeberischen Aktivitäten, die sich u.a. in arbeitsrechtlichen Normen über den physischen und sozialen Schutz der Arbeitskräfte und zur Begründung ihrer betrieblichen Rechte (Betriebsverfassungsgesetz) niedergeschlagen haben.

Es bestehen indes auch Gemeinsamkeiten zwischen diesen ausdifferenzierten und auf bestimmte Bezugsgruppen spezialisierten institutionellen Strukturen. Erstens operieren sie sämtlich mit der autoritativen Zuschreibung von Bedarfen, Pflichten und Berechtigungen an rechtlich codierte Kategorien und Kollektive von Personen. Diese Zuschreibungen und Bedarfs-Standardisierungen (Wer ist »arm«?, Was sind »zumutbare« Arbeitsbedingungen?, Wer hat in welcher Höhe Anspruch auf Lohnersatzleistungen? usw.) sind ihrerseits in hohem Maße anfällig für Auswirkungen wirtschaftlicher und politischer Konjunkturen und stehen unter permanentem Revisionsdruck.

Zweitens bedienen sie sich zum Vollzug der einschlägigen Normen aufwendiger Verwaltungen, in denen sich typischerweise Grundsätze einer bürokratischen Staatsverwaltung und Mit- bzw. Selbstverwaltung repräsentativer Kollektivakteure mischen. Und drittens führt das System kollektivistischer Rechte dazu, dass die Klienten sortiert, versorgt, verwaltet, behandelt, kontrolliert, pädagogisch betreut, »eingegliedert«, »zugewiesen«, und oft auch durch wirtschaftliche Sanktionen stigmatisiert – also insgesamt in den passiven Status von paternalistisch geschützten und regulierten Objekten gesetzt werden.

Es sind diese Transaktionskosten des wohlfahrtsstaatlichen Schutzes, die keineswegs nur in den Verwaltungskosten, sondern ebenso in den »Kosten« von Passivierung und Klientelisierung bestehen, die nach Einführung eines existenzsichernden allgemeinen Grundeinkommens sämtlich wegfallen würden. Wenn jeder Bürger einen Rechtsanspruch auf eine regelmäßige, bedingungslose, individualisierte und steuerfinanzierte Zahlung hätte, dann würden offensichtlich zahllose Verwaltungsvorgänge buchstäblich gegenstandslos. Es erübrigte sich dann die amtliche Prüfung, ob eine Person arm, beschäftigungsfähig, nach ihren haushaltlichen Lebensverhältnissen anspruchsberechtigt oder in ihrer Autonomie und Würde verletzt ist. Zugleich wäre der Bürger zum Gebrauch seiner Handlungs- und Entscheidungsfreiheit verstärkt herausgefordert und in diesem Sinne »aktiviert«, d.h. aus dem Status eines schutzbefohlenen Klienten in den eines verantwortlichen Urhebers eigener Lebenspläne überführt. Er oder sie müsste nämlich entscheiden, welcher zusätzliche Einkommensbedarf durch Erwerbsarbeit zu decken ist, welche der rivalisierenden Zeitverwendungen für welche Lebensabschnitte zu bevorzugen sind und welcher Arbeitsplatz mit den zugehörigen Arbeitsbedingungen individuell »zumutbar« ist, d.h. als akzeptabel gewertet wird. Die Folge wäre, dass am Arbeitsmarkt der Kern aller Freiheit, nämlich die Freiheit »nein« zu sagen, zur Geltung gebracht würde – wenn auch keineswegs die materiellen Anreize dafür beseitigt würden, gegebenenfalls, d.h. bei ausreichender Arbeitsnachfrage, bei zufriedenstellenden Arbeitsbedingungen und Entgelten, »ja« zu sagen.

So würde die bürgerrechtlich gewährte Rückzugsposition eines existenzsichernden Grundeinkommens nicht nur die Probleme von Armut und Arbeitslosigkeit eliminieren, sondern auch einen durchschlagenden indirekten Effekt auf die Bestrebungen haben, die in den 70er Jahren unter Bezeichnungen wie »Mitbestimmung am Arbeitsplatz« und »Humanisierung der Arbeit« firmierten. Eine weitere Folge wäre, dass die variablen Kosten der Produktion von Gütern und Leistungen, also die Kosten der Beschäftigung von Arbeitskräften, je nach Anrechnungsfaktor um die Höhe bzw. einen Teil des existenzsichernden Grundeinkommens-Sockels mit dem Ergebnis einer Expansion der Arbeits-Nachfrage herabgesetzt werden könnten.

II.

Jede normative Theorie sozialer und politischer Gerechtigkeit – und eine solche Theorie steht hinter der Idee des allgemeinen Grundeinkommens – braucht zunächst eine Theorie über sich selbst. Diese Theorie zweiter Ordnung beantwortet die Frage, welche sozialen Kräfte und kulturellen Normenbestände, welche Vernunft- und Interessengründe die Durchsetzung des Projekts unterstützen oder seine Aussichten schmälern können. Es geht dabei um die Erkundung der »Diskurslandschaft«, in welche die Gerechtigkeitstheorie selbst eingebettet ist.

Ein bis zum Ressentiment steigerbarer Einwand gegen ein Bürgerrecht auf allgemeines Grundeinkommen ergibt sich aus der in christlichen (dort vor allem protestantischen), marktliberalen und sozialistischen Traditionen gleichermaßen verwurzelten arbeitsethischen Gerechtigkeitsauffassung. Ihr zufolge gibt es eine – abgesehen von Dispensionstatbeständen wie Kindheit, Alter, Krankheit – für alle Menschen bestehende Pflicht, ihre Lebensbedürfnisse durch Erwerbsarbeit oder andere nützliche Tätigkeit zu befriedigen. Daraus folgt negativ, dass, wer nicht arbeitet (oder zumindest arbeitsbereit ist), auch nicht »essen« soll; und positiv die meritokratische Maxime, dass das Einkommen einer Person nach der Menge und Nützlichkeit ihrer Arbeitsleistung zu bemessen sei. Das Grundeinkommen verstößt demnach gegen die arbeitsethische Grundnorm selbst wie gegen ihre beiden Ableitungen. Zum einen werden erwachsene und arbeitsfähige Personen (vom Typus des Dauer-Faulenzers am Strand) von der Arbeit »entpflichtet«, weil ihnen gestattet wird, wenn auch auf bescheidenem Niveau, ein arbeits- und leistungsloses, eben »bedingungsloses« Einkommensgeschenk zu Lasten der steuerzahlenden Allgemeinheit zu beziehen. Zum anderen werden die so zugeteilten Einkommen von der steuerzahlenden Mehrheit der »arbeitsamen« Bürgerinnen und Bürger aufgebracht, deren wirtschaftliche Leistungsbereitschaft folglich mit kollektiv-schädlichen Auswirkungen geschwächt wird.

Ausführlich erörtern die Verfasser, wie dieser Kernbestand arbeits- und leistungsgesellschaftlicher Gerechtigkeitsnormen teils als berechtigt anzuerkennen (und dann in einem geeigneten Arrangement des Grundeinkommens und seiner Finanzierung zu berücksichtigen) ist, teils aber auch mit normativen Argumenten zurückgewiesen werden kann. Zu den letzteren gehören drei wichtige Erwägungen. Eine pragmatische Erwägung besagt, dass das unverdiente Einkommensgeschenk, das untätige »Faulenzer« genießen, nicht nur deshalb hingenommen werden muss, weil auf diese Weise Verwaltungsaufwand und Freiheitseinbußen eingespart werden können, sondern auch deshalb, weil mit einer strikt individualisierten und universellen Einkommenszuweisung auch die spiegelbildliche und vielleicht sehr viel umfangreichere Kategorie derjenigen begünstigt wird, die sehr wohl nützliche (wenn auch nicht marktbewertete) Tätigkeiten ausüben, dafür jedoch bisher keine Zahlung erhalten; Beispiele sind familiäre und ehrenamtliche Erziehungs- und Pflegearbeit. Das positive Unrecht, von dem die Untätigen profitieren würden, wird also durch die Aufhebung des negativen Unrechts kompensiert, das viele Tätige bereits heute betrifft.

Wichtiger ist der in der linksliberalen Tradition (Thomas Paine, John S. Mill), aber wohl auch in der christlichen Theologie verankerte Grundsatz, dass die Erde *allen* ihren Bewohnern gehört und diese daher, ganz unabhängig von eigenen Vorleistungen oder Tätigkeiten, einen Anspruch auf »ihren« Teil an diesem Kollektiv-Eigentum haben. Das einzige Beispiel für ein so begründetes und realisiertes Grundeinkommen findet sich im amerikanischen Bundesstaat Alaska, dessen Einwohner einen Anspruch auf jährliche leistungslose Auszahlungen *a conto* der Erdölvorräte des Landes haben. Aus der Logik dieses Arguments folgt, dass als Finanzierungsmöglichkeiten für ein allgemeines Grundeinkommen bevorzugt (zusätzlich zu den gewaltigen Einsparungen, die sich aus dem Wegfall der fiskalischen und sonstigen Kosten der Arbeitslosigkeit ergeben würden!) Steuern auf natürliche Ressourcen in Betracht kommen.

Schließlich spielt die »anti-meritokratische« Ableitung aus diesem Argument eine Rolle, die zugleich mit der Ökonomen-Weisheit aufräumt, dass »*there is no such thing as a free lunch*«. Sie verweist auf die »geschenkten« Hintergrundsbedingungen, die den so genannten »Leistungsträgern« ohne deren Verdienst und Zutun erlaubt, ein nur scheinbar durch individuelle Arbeitsanstrengung allein »verdientes« Einkommen zu erzielen. Diese Hintergrundbedingungen (von denen manche einen erfolgreichen, manche einen weniger erfolgreichen, in beiden Fällen jedoch unverdienten Gebrauch zu machen in der Lage sind) bestehen z.B. in den Infrastruktur-Einrichtungen, die uns vergangene Generationen hinterlassen haben, vor allem auch in den Wissensbeständen, technologischen Errungenschaften oder zivilisierenden Moral- und Rechtsordnungen, welche die Heutigen als »freies Gut« in Anspruch nehmen können. Ähnlich liegen die Dinge im (synchronen, nicht diachronen) Fall von »Kooperationsrenten«: Das organisierte arbeitsteilige Zusammenwirken vieler Akteure führt zu Zusatz-Erträgen, die niemandem individuell zugerechnet werden können – so wenig wie eine Lagerstätte für fossile Brennstoffe. Es handelt sich bei diesen sozialen »Erbschaften« nur um nicht-natürliche Ressourcen, die ebenso wie die natürlichen (zu denen auch die in einer »Lotterie der Natur« gewonnenen physischen und geistigen Gaben von Personen gehören) als »unverdiente Geschenke« einem Aufteilungs- bzw. Kompensationsanspruch unterliegen; dieser verpflichtet diejenigen, die »Glück gehabt« haben, ihre weniger begünstigten Zeitgenossen oder Kooperationspartner in einem gewissen Umfang, der freilich nicht anreiz-inkompatibel werden darf, zu entschädigen. Man kann daher ein moralisches Paradox darin sehen, wenn gerade diejenigen, die von jenen »Geschenken« besonders reichlich profitieren, die anderen, die das nicht tun, gern auffordern, sie mögen doch bitte keine Forderungen nach einem *free lunch* erheben.

Am schwierigsten wird eine normative Grundlegung des Grundeinkommens allerdings dann, wenn es um die Frage geht, welchen (gegebenenfalls auch noch »nützlichen«) Tätigkeiten diejenigen Personen nachgehen können oder sollen, die mangels einer verfügbaren und von ihnen präferierten Erwerbsgelegenheit von ihrem Grundeinkommen leben (wollen oder müssen), jedenfalls außerhalb der Sphäre der betrieblichen oder selbständigen Arbeit bleiben. Die libertäre Antwort, dass es sich um eine »frei gewählte« Tätigkeit handeln solle, greift offensichtlich deswegen zu kurz, weil die Wahlmöglichkeiten, die auf diese Frage in Betracht kommen, in modernen Gesellschaften eng beschränkt sind. Wir haben es sozusagen institutionell verlernt, uns anders als durch Erwerbsarbeit nützlich zu machen und Anerkennung zu finden. Abgesehen von der Familien- und Sorgearbeit, der ehrenamtlichen Tätigkeit im Non-Profit-Sektor und verschiedenen Formen der »Eigenarbeit« (zu der auch die Arbeit von Personen an der Verbesserung ihres eigenen Wissens- und Bildungsgrades gehört) fehlen in modernen kapitalistischen Erwerbs- und Arbeitsgesellschaften die institutionellen Muster, die es im gleichen Maße, wie es bei (zumindest den begünstigten Formen) betrieblicher Arbeit der Fall ist, den dort Tätigen erlauben würden, sich zugleich sozial zu integrieren und sich als eigenständige und unverwechselbare Person zu individuieren. Insofern ergibt sich das Desiderat, konkrete Umsetzungen des in mannigfachen Varianten, Übergangslösungen und Kosteneffekten diskutierten Modells des Grundeinkommens durch die Schaffung neuer institutioneller Gelegenheiten zur Teilnahme an nicht-erwerbsbezogenen Formen nützlicher Tätigkeit zu komplettieren.

Eher unproblematisch ist dagegen die scheinbare Ungereimtheit, dass das allgemeine Grundeinkommen *allen* Bürgern gleichermaßen zustehen soll, obwohl die Mehrzahl von ihnen offensichtlich nicht darauf angewiesen ist, sondern in ausreichendem, jedenfalls armutsvermeidendem Umfang eigenes Erwerbseinkommen erzielt. Eine aufwendige Methode, diesen Effekt zu neutralisieren, bestünde darin, die steuerliche Belastung mittlerer und hoher Einkommen so zu steigern, dass das an ihre Bezieher ausgezahlte Grundeinkommen mit der Steuerschuld zurückgezahlt wird. Einfacher ist eine von Michael Opielka vorgeschlagene Lösung: Jeder kann das Grundeinkommen *auf Antrag* und gleichsam als ein persönliches Sicherheitsnetz in Anspruch nehmen; wenn sich jedoch am Ende des Steuerjahres zeigt, dass das tatsächlich erzielte Einkommen bestimmte Grenzwerte (z.B. das Dreifache des Grundeinkommens) überschritten hat, so ist dasselbe teilweise oder in voller Höhe verzinst zurückzuzahlen. Unter einer solchen Struktur von Anreizen würde das Grundeinkommen ganz überwiegend von denjenigen in Anspruch genommen, die es benötigen, um ihrer Arbeitslosigkeit oder Verarmung vorzubeugen, während doch die Einkommensanreize, sich bietende Erwerbsgelegenheiten wahrzunehmen, vollauf wirksam blieben.

Es wäre jedoch ein Fehler, davon auszugehen, dass die Auseinandersetzung über das allgemeine Grundeinkommen allein von den Konflikten bestimmt wäre, die zwischen verschiedenen normativen *Ideen* bezüglich politischer Rechte und sozialer Gerechtigkeit bestehen. Hinzu kommen gesellschaftspolitische *Interessen*, die Grundeinkommens-Modelle aus leicht verständlichen Gründen ablehnen. So halten Arbeitgeberverbände »das voraussetzungslose Grundeinkommen [für] eine gefährliche Denkfigur. Wir wollen keine Entkoppelung von Arbeit und Einkommen. Im Gegenteil. Wir müssen das Einkommen wieder stärker an die Arbeitsleistung binden. Wer zumutbare Arbeit nicht annimmt, der muss eben weniger bekommen.« (*Stuttgarter Zeitung*, 5. Juli 2005) Ähnlich ablehnend ist die Beurteilung, die das Grundeinkommen in den meisten gewerkschaftlichen Stellungnahmen findet. In dem Maße, wie die Höhe des Einkommens zur Sache von *Bürger*rechten und mithin von Politik und Gesetzgebung wird, erleiden sie als Verbände einen Teilverlust ihrer Zuständigkeit für die »tarifautonome« Bestimmung von *Arbeitnehmer*einkommen. Dieses organisationspolitische Eigeninteresse der Gewerkschaften an der Wahrung ihrer Kompetenzen wird gern mit der Warnung bemäntelt, das Grundeinkommen würde die Arbeitgeber aus ihrer (freilich völlig fiktiven) »Verantwortung für die Schaffung von Arbeitsplätzen« entlassen. Auch in den politischen Parteien der Bundesrepublik finden sich bisher nur vereinzelt aufgeschlossene Stimmen, zumal die deutschen Grünen, anders als etwa ihre französischen, niederländischen und österreichischen Freunde, das Thema offenbar fallengelassen haben. Das übereinstimmende Hauptargument ist, dass die Befürwortung eines Grundeinkommens allzu resignativ sei und dem für sie blamablen Eingeständnis nahekäme, dass die Probleme von Armut und Arbeitslosigkeit mit herkömmlichen »produktivistischen« Mitteln der Wachstumsförderung einerseits, der »aktivierenden« Arbeitsmarktpolitik andererseits nicht mehr zu lösen seien. Das scheint indes nach Lage der Dinge und unter der Voraussetzung, dass einigermaßen faire Beweislastverteilungsregeln gelten sollen, ein Argument zu sein, dessen Überzeugungskraft einem nahen Verfallsdatum unterliegt. Diese kann auch nicht durch den üblichen (und zutreffenden) Hinweis aufgebessert werden, es gebe ja »so viel Arbeit zu tun«, sowohl bei uns wie in der Dritten Welt. Mit dieser Erinnerung wird jedoch die offensichtliche Anschlussfrage nicht beantwortet, sondern eher verdrängt. Sie richtet sich auf die zahlungsbereite *Nachfrage*, die hier oder dort nach der »an sich« zu leistenden Arbeit besteht.

III.

Jede normative Theorie muss den Nachweis führen können, dass sie zu den Funktionszusammenhängen, Strukturproblemen und Herausforderungen des Systems »passt«, für das die aus ihr abgeleiteten Politikvorschläge gedacht sind. Politische Innovationen müssen nicht nur Gerechtigkeitsargumente auf ihrer Seite haben, sondern auch situations- und problemadäquat sein; sie müssen nicht nur gut gemeint, sondern auch hinreichend intelligent sein. Unter diesem Kriterium der funktionalen Problemlösungskapazität schneidet der Vorschlag des allgemeinen Grundeinkommens ausgesprochen gut ab. Das Problem der deutschen Ökonomie im ersten Jahrzehnt des 21. Jahrhunderts ist eindeutig kein Produktions-, sondern ein Verteilungsproblem: Da sowohl Individual- wie Sozialeinkommen institutionell an die Erwerbsarbeit gekoppelt sind, führt Arbeitslosigkeit, also ein hoher und personell verfestigter Angebotsüberhang am Arbeitsmarkt, zu der Frage, wie die Personen, die am Arbeitsmarkt nicht unterkommen, mit einem bedarfsgerechten Einkommen versorgt und damit nachfragefähig gemacht werden können. Auf diese Frage haben Befürworter des Grundeinkommens eine eindeutige Antwort: durch ein steuerfinanziertes ökonomisches Bürgerrecht auf ein existenzsicherndes Einkommen. Marktliberale haben eine andere

Antwort; sie erwarten von einer »richtigen«, d.h. investitionsfreundlichen Finanz- und Wirtschaftspolitik (I) mehr Wachstum (W), von mehr Wachstum mehr Beschäftigung (B), und von mehr Beschäftigung schließlich eine Lösung des Verteilungsproblems (V), also die Teilhabe der gesamten Bevölkerung am gesellschaftlichen Reichtum.

Diese Theorie ist nicht etwa deswegen hegemonial, weil sie wahr wäre. Vielmehr bleibt sie dadurch herrschende Lehre, dass sie dem Test ihrer Wahrheit aus dem Wege gehen und sich gegen ihre Widerlegung immunisieren kann. Gegen die Evidenz ihrer Unwahrheit kann sie sich, eine hinreichende, an intellektuelle Hörigkeit grenzende Indoktrination politischer Eliten vorausgesetzt, stets mit einer Argumentationsfigur aus der Affäre ziehen, die einem leninistischen Kalkül verblüffend ähnelt. Die Theorie überlebt allein wegen der Beweislastverschonung, die ihr politisch gewährt wird. Das Argument lautet dann: Wenn die »an sich« richtige Theorie (I) ==> (W) ==> (B) ==> (V) sich in der Praxis *nicht* bestätigen sollte, dann kann die Erklärung nur darin zu suchen sein, dass die unabhängige Variable (I) noch nicht hoch genug dosiert war! Die pragmatische Folge dieser Immunisierungsstrategie besteht in dem pathologischen Lernprozess, als dessen Ergebnis in der nächsten Runde eine *noch* investitionsfreundlichere und sozialpolitisch *noch* kürzungsversessenere Finanz- und Wirtschaftspolitik ausprobiert wird.

Dabei ist allein über den Zusammenhang von Wachstum und Beschäftigung u.a. das folgende wohlbekannt: (1) Erst bei einer gesamtwirtschaftlichen Wachstumsrate von circa zwei Prozent treten überhaupt positive Beschäftigungseffekte auf; unterhalb dieses bereits ehrgeizigen Wachstumsziels schrumpft das Volumen (beitragspflichtiger) Beschäftigung weiter und mit ihr wachsen die aus allgemeinen Haushaltsmitteln zu stopfenden Löcher der Sozialversicherungshaushalte. (2) Allein die fiskalischen Gesamtkosten (entgangene Einnahmen plus verursachte Ausgaben) der in Deutschland bestehenden Arbeitslosigkeit belaufen sich, einer Berechnung des IAB zufolge, im Jahre 2004 auf 85,7 Mrd. Euro. In dieser Summe sind wohlgemerkt die sonstigen volkswirtschaftlichen Schäden der Arbeitslosigkeit, nämlich der Einkommensverlust der Arbeitslosen und die entsprechenden negativen Nachfrageffekte, noch nicht enthalten; auch nicht die Einnahmeausfälle, die aus dem anteiligen Wachstum von Beschäftigungsformen resultieren, die der Beitragspflicht nicht wirksam unterliegen. Diese gewaltige fiskalische Bürde wirkt sich selbst als gravierendes Wachstumshindernis aus; sie müsste erst abgetragen sein, um Wachstum u.a. dadurch zu erlauben, dass öffentliche Mittel für die Finanzierung staatlicher Investitionen frei würden. (3) Mikroökonomisch führt das Wachstum von Industrie- und Dienstleistungsunternehmen nicht zu mehr Beschäftigung, sondern im Gegenteil wird der (z.B. durch Fusion und Umstrukturierung erzielte) Beschäftigungs*abbau* von den Börsen durch Wachstumserwartungen, Kursgewinne und verbesserte Kapitalversorgung prämiert.

Ein typisches Reaktionsmuster des von den Tatsachen irritierten Glaubens an (I) ==> (W) ==> (B) ist die Moralisierung des Problems. Wenn die tatsächlichen von den erwarteten Ergebnissen abweichen, so die Logik der Moralisierung, dann kann das nur am vorwerfbaren Fehlverhalten wichtiger Akteure liegen. Aber, mit Hegel gesprochen, »die Faulheit des Gedankens hat am Sollen einen zu leichten Ausweg«. So wird im moralisierenden Geiste einer neuen Kapitalismuskritik »den« Unternehmern gern vorgehalten, sie ließen es an sozialer oder gar nationaler Verantwortung fehlen, wenn sie es versäumen, inländische Arbeitsplätze zu schaffen. Abgesehen davon, dass eine Politik, die über moralische Verfehlungen bestimmter Kategorien von Bürgern lamentiert, sich selbst und ihren eigenen autoritativen Gestaltungsanspruch der Lächerlichkeit preisgibt, mahnt sie auch noch die Erfüllung gänzlich fiktiver Pflichten der so Getadelten an. Es gehört nämlich unzweifelhaft weder zu den Organisationszielen noch zu den zivilrechtlichen Obliegenheiten von Wirtschaftsunternehmen, für («mehr«) Beschäftigung zu sorgen; Beschäftigung entsteht vielmehr als ein möglicher (wenn auch eben keineswegs zwangsläufiger) Nebeneffekt des Erfolges, den diese Unternehmen bei der Verfolgung ihres ganz anders gearteten Daseinszwecks erzielen, nämlich dem der Sicherung und Steigerung ihrer Rentabilität.

Was speziell den Glauben an (B) ==> (V) angeht, also an die Möglichkeit, das Verteilungsproblem weiterhin über Arbeitsmarkt und Erwerbseinkommen zu lösen, so kommt offensichtlich die Frage nach dem Beschäftigungspotential einer Ökonomie wie der deutschen ins Spiel, also die Frage nach dem Niveau ihrer Absorptionsfähigkeit für »ausreichend« bezahlte und gesicherte Lohnarbeit. Die

Fragen, die bei der Abschätzung dieses Niveaus eine Rolle spielen, sind geläufig: Sind »reife« Ökonomien wie die deutsche, also solche mit hoher Kapitalintensität, hohen Humankapitalansprüchen, Tarifautonomie, einem liberalen Handels- und Kapitalverkehrsregime und großen Erfolgen bei der Nutzung des arbeitssparenden technischen Wandels überhaupt in der Lage, etwa im vielbeschworenen (jedoch keineswegs insgesamt gegen arbeitssparenden technischen Wandel immunen) »Dienstleistungssektor« eine Arbeitsnachfrage aufzubauen, die für eine Kompensation der laufenden (inländischen) Beschäftigungsverluste im primären und sekundären Sektor erforderlich wäre? Sind internationale Arbeitsteilung und globale Wettbewerbsverhältnisse dazu angetan, einen dauerhaft positiven Saldo von inländischen Beschäftigungsverlusten und export-induzierten Beschäftigungsgewinnen entstehen zu lassen? Können die Arbeitsmärkte solcher reifen Ökonomien ein zumindest auf mittlere Sicht weiterhin wachsendes (weibliches, ausländisches) Arbeitsangebot zu Lohnsätzen absorbieren, aus denen – auf welchem Finanzierungswege auch immer – die gegenwärtig erwerbstätige Generation sowohl die Aufzucht der nächsten Generation wie den Unterhalt der (schon aus Gründen der Lebenserwartung anteilsmäßig wachsenden) retirierten Generation aufbringen kann? Kurz: Ist eine Arbeitsmarktgesellschaft im Vollbeschäftigungsgleichgewicht eine weiterhin glaubwürdige politische Option?

Nach der deutschen Erfahrung eines über circa 30 Jahre stufenweise und ohne Gegentrend aufgebauten Fehlbestandes an arbeitsvertraglich formalisierten Beschäftigungsgelegenheiten, der heute eine Größenordnung von mehr als sieben Millionen erreicht hat, sind skeptische Antworten auf diese Fragen nicht nur erlaubt, sondern geboten. Auch der Verweis auf (angelsächsische, skandinavische) Erfolgsgeschichten führt nicht weiter, weil deren institutionelle Grundlagen und wirtschaftsgeographischen Vorteile nur in eng begrenztem Umfang kopierbar, wenn auch als Anstöße für politische Lernprozesse keinesfalls zu missachten sind. Deshalb erscheint es auch in steuerungspolitischer Hinsicht, schlicht nach dem Grundsatz der klugen Vorsorge für nicht auszuschließende dauerhafte Ungleichgewichte, geboten, die Wirtschaftsordnung so zu modifizieren, dass sie einerseits einen hohen Fehlbestand an Beschäftigungsgelegenheiten ohne desintegrierende Begleiterscheinungen aushalten kann, andererseits aber weder das Recht aller Bürger auf die freiwillige Wahrnehmung von qualitativ angemessenen Erwerbsgelegenheiten noch das allgemeine Interesse an einer laufenden Steigerung der Produktivität verletzen würde.

Ein allgemeines und existenzsicherndes Grundeinkommen erfüllt wegen seiner Anreiz- und Steuerungseffekte alle drei dieser Bedingungen. Es führt nicht zu »Vollbeschäftigung«, aber entschärft das Verteilungsproblem, das sonst mit einer Unter-Auslastung des Arbeitspotentials einer Gesellschaft einhergehen würde; demnach macht es auch kontraproduktive Praktiken der administrativen »Aktivierung«, d.h. die Erwerbsnötigung von Arbeitskräften verzichtbar und »aktiviert« sie vielmehr in dem Sinne, dass sie die Suche nach nichterwerblichen Zeitverwendungspräferenzen anspornt. Es lässt für beide Seiten die Anreize zum Abschluss von Arbeitsverträgen intakt: Für die Anbieter deshalb, weil sie durch Erwerbsarbeit ihr Einkommen steigern, für die Nachfrager deshalb, weil sie mit niedrigeren, nämlich um den Satz des Grundeinkommens gesenkten direkten Kosten der Beschäftigung von Arbeit rechnen können – so jedenfalls eine der möglichen Ausgestaltungen des Grundeinkommens. Und die Produktivität der Arbeit würde nicht nur deshalb steigen, weil bei allen Beschäftigten die »Freiwilligkeit« ihrer Erwerbsbeteiligung unterstellt werden könnte, sondern auch deshalb, weil moralische und gesetzliche Hemmungen bei der Nutzung des arbeitssparenden technischen und organisatorischen Wandels zu großen Teilen entfallen könnten.

Wenn man einige der tatsächlichen Entwicklungslinien und Innovationstendenzen der Sozial- und Arbeitsmarktpolitik in der OECD-Welt betrachtet, so kann man diese als – oft uneingestandene und halbherzige – Schritte auf einem Weg interpretieren, der zum bedingungslosen Grundeinkommen führt. So gehört es, unter den vorherrschenden demographischen Trends leicht verständlich, zur Programmatik aller politischen Parteien in der Bundesrepublik, die Ausgaben privater Haushalte für die Aufzucht von Kindern (einschließlich der Wohnkosten und der Opportunitätskosten in Gestalt entgangenen Erwerbseinkommens) durch steuerfinanzierte Zahlungen und/oder durch Besteuerungsverzichte verstärkt zu subventionieren.

Auch das beschäftigungspolitische Ziel der Entlastung der Beschäftigungskosten von gesetzlichen Lohnnebenkosten, zumindest der Erreichung von »Beitragssatzstabilität«, lässt sich nicht anders realisieren als durch einen wachsenden Anteil von Steuerfinanzierung an den Kosten der Gesetzlichen Rentenversicherung. Auch die Umfinanzierung der Rentenlasten ist also ein Vorhaben, das von allen parteipolitischen Kräften unterstützt wird, wenn auch mit durchaus umstrittenen und zum Teil verteilungspolitisch problematischen Vorstellungen darüber, wie die Kosten zwischen Fiskus, Betrieben, Arbeitnehmern und den Rentnern selbst aufzuteilen sind. Ähnliches gilt für die Gesetzliche Krankenversicherung und die Reform ihrer Finanzierung, wobei eine Gemeinsamkeit der diskutierten Modelle wiederum in der intendierten Abkoppelung der Kosten der sozialen Sicherung vom Arbeitsverhältnis besteht; nicht mehr der *Arbeitnehmer*, sondern der *Bürger* steht also mit seinen Rechten und Pflichten im Mittelpunkt derartiger Reforminitiativen.

Diese machen bei den Sozialbeiträgen, also dem gewichtigsten Teil der Lohnnebenkosten, nicht halt. Der fiskalische Finanzierungsmodus ist dabei, sich nicht nur auf die Kosten der sozialen Sicherheit, sondern zum Teil auf die Arbeitsentgelte selbst auszudehnen, wie die Verfasser an der Renaissance der Idee einer »negativen Einkommenssteuer« erörtern. Der Grundgedanke ist, dass Beschäftigung geringproduktiver Arbeitskräfte (wenn überhaupt, dann) nur zu abgesenkten Löhnen stattfinden wird, und dass daher die Arbeitseinkommen im so entstehenden Niedriglohnsektor in degressiver Weise aus öffentlichen Mitteln aufzustocken sind – die Idee des Kombilohnes. Auch hier geht es, wie ähnlich in der Debatte über gesetzliche Mindestlöhne, um die Politisierung und »Fiskalisierung« der Entgeltfindung für Erwerbsarbeit, für die die Zuständigkeit von den Akteuren des Tarifsystems partiell an den Gesetzgeber fällt und der Rechtsform nach nicht durch (Kollektiv-)*Verträge*, sondern durch *gesetzlich* begründete subjektive öffentliche Rechte geregelt wird.

Allerdings liegt auf der Hand, dass alle diese neuen Politikansätze, zu denen in Deutschland auch die Komplexe »Hartz IV« und »Agenda 2010« gehören, sich von einem bedingungslosen Grundeinkommen dadurch unterscheiden, dass sie streng beschäftigungspolitisch ausgerichtet sind. Will sagen: Die Entlastung des Arbeitsverhältnisses von Lohnnebenkosten, die »künstliche« Verbilligung des Angebotspreises der Arbeit durch Kombilöhne, die Beseitigung von Zumutbarkeitsbarrieren, die Absenkung der Arbeitslosenhilfe auf das Niveau der Sozialhilfe usw. dienen explizit dem Zweck, Wirtschaftsunternehmen zur Schaffung von Arbeitsplätzen und Arbeitslose zur Eingliederung in diese Arbeitsplätze zu veranlassen. Ob dieser Zweck, und gegebenenfalls wann er erreicht wird, ist eine empirische Frage, die sich in absehbarer Zeit entscheiden wird. Sollte die Antwort negativ ausfallen, stünden die jetzt geschaffenen Mittel, nämlich die offene Politisierung von Verteilungsfragen, für den weitergehenden Zweck eines bedingungslosen Grundeinkommens zur Disposition.

Literatur

Auf dem Internetauftritt des *Basic Income Earth Network* (BIEN, http://www.basicincome.org) findet sich eine Reihe von Informationen und Verweisen zum allgemeinen Grundeinkommen sowie Links zu den jeweiligen nationalen Netzwerken. Darüber hinaus versendet BIEN regelmäßig einen Informationsbrief in englischer Sprache, der unter bien@basicincome.org angefordert werden kann.

Einige einführende Bücher jüngeren Datums zum Thema des allgemeinen Grundeinkommens: in deutscher Sprache Füllsack (2002); in französischer Sprache Leleux (1998) und Blais (2001); in englischer Sprache Fitzpatrick (1999); in spanischer Sprache Raventos (1999) und Pinilla (2004); in portugiesischer Sprache Suplicy (2002); in italienischer Sprache Del Bò (2004).

Zu Geschichte, Formen und Reformen des Sozialversicherungs- und Fürsorgesystems: Esping-Andersen (1990), Castel (1995), Milano (1995), Merrien (1997), Daniel/Palier (2001).

Zu Vorgeschichte und Geschichte des Gedankens des allgemeinen Grundeinkommens: Van Trier (1995), Cunliffe/Erreygers (2001), Cunliffe/Erreygers/Van Trier (2003) und vor allem Cunliffe/ Erreygers (2004).

Einen Einblick in die internationale Diskussion um das allgemeine Grundeinkommen: Van Parijs (1992), van der Veen/Groot (2000), Van Parijs et al. (2001), Dowding et al. (2003), Standing (2004), Wright (2004).

ACKERMAN, B./ALSTOTT, A. (1999), *The Stakeholder Society*, New Haven, Yale University Press [dt. Übersetzung *Die Stakeholder-Gesellschaft. Ein Modell für mehr Chancengleichheit*, Frankfurt/New York: Campus, 2001].

ALASKA PERMANENT FUND CORPORATION (1988), »Wealth Management: A Comparison of the Alaska Permanent Fund and Other Oil-Generated Savings Accounts Around the World«, *The Trustee Papers*, 5. April.

ALPEROVITZ, G. (1994), »Distributing our Technological Inheritance«, *Technology Review*, Jg. 97, S. 31–36.

ALSTOTT, A. (2001), »Good for women«, in: P. VAN PARIJS et al., *What's Wrong with a Free Lunch?*, Boston, Beacon Press, S. 75–79.

ANDERSON, E. (2001), »Optional Freedoms«, in: P. VAN PARIJS et al., *What's Wrong with a Free Lunch?*, Boston, Beacon Press, S. 70–74.

ARNSPERGER, C./VAN PARIJS, P. (2000), *Ethique économique et sociale*, Paris, La Découverte.

ATKINSON, A.B. (1993), »On Targeting Social Security: Theory and Western Experience with Family Benefits«, *STICERD Working Paper WSP/99.*

ATKINSON, A.B. (1993), »Participation Income«, *Citizen's Income Bulletin* 16, S. 7–11.

ATKINSON, A.B. (1995), *Public Economics in Action: The Basic Income/Flat Tax Proposal*, Oxford, Clarendon Press.

ATKINSON, A.B. (1996), »The Case for a Participation Income«, *The Political Quarterly*, Jg. 67, S. 67–70

ATKINSON, A.B. (1998), *Poverty in Europe*, Oxford, Blackwell.

BARREZ, D. (1999), »Tien frank per dag voor iedereen«, *De Morgen* (Bruxelles), 22. Dezember.

BARRY, B. (1994), »Justice, freedom, and basic income«, in: H. SIEBERT (Hg.), *The Ethical Foundations of the Market Economy*, Tübingen, J.C.B. Mohr & Ann Arbor, University of Michigan Press, S. 61–89.

BARRY, B. (1996), »Real Freedom and Basic Income«, *Journal of Political Philosophy*, Jg. 4, S. 242–276.

BELLAMY, E. (1888), *Looking Backward, 2000–1887*, Harmondsworth, Penguin, 1983 [dt. Übersetzung *Ein Rückblick aus dem Jahre 2000 auf 1887*, Leipzig, Reclam, 1916].

BELORGEY, J.-M. (Hg.) (2000), *Minima sociaux, revenus d'activité, précarité*, Paris, Commissariat Général du Plan – La Documentation française.

BERNARD, M./CHARTRAND, M. (1999), *Manifeste pour un revenu de citoyenneté*, Montréal, Editions du renouveau québécois.

BLAIS, F. (1999), »Loisir, travail et réciprocité. Une justification »rawlsienne« de l'allocation universelle est-elle possible?«, *Loisir et société*, Jg. 22, S. 337–353.

BLAIS, F. (2001), *Un revenu garanti pour tous. Introduction aux principes de l'allocation universelle*, Montréal, Boréal.

BLOCK, F./SOMERS, M. (2001), »In the Shadow of Speenhamland: Social Policy and the Old Poor Law«, *USBIG Discussion paper Nr. 003*.

BONTOUT, O. (2000), »L'*Earned Income Tax Credit*, un crédit d'impôt ciblé sur les foyers de salariés modestes aux Etats-Unis«, *Economie et statistique 335*, Mai 2000, S. 27–46.

BOURDIEU, P. (1998), »Le mouvement des chômeurs, un miracle social«, in: P. BOURDIEU, *Contre-Feux 2*, Paris, Liber-Raisons d'Agir, S. 102–4 [dt. Übersetzung *Gegenfeuer 2. Für eine europäische soziale Bewegung*, Konstanz, UVK, 2001].

BOUTIN, C. (2003), *Pour sortir de l'isolement, Un nouveau projet de société*, Paris, Services du Premier Ministre.

BOVENBERG, L./VAN DER PLOEG, R. (1995), »Het basisinkomen is een utopie«, *Economisch-Statistische Berichten*, Nr. 3995, Februar, S. 100–104.

BRESSON, Y. (1984), *L'Après-salariat. Une nouvelle approche de l'économie*, Paris, Economica.

BRESSON, Y. (1994), *Le Partage du temps et des revenus*, Paris, Economica.

BRESSON, Y. (1999), »Il faut libérer le travail du carcan de l'emploi«, *Le Monde* (Paris), 16. März.

BRESSON, Y. (2000), *Le revenu d'existence ou la métamorphose de l'être social*, Paris, L'esprit frappeur.

BÜCHELE, H./WOHLGENANNT, L. (1985), *Grundeinkommen ohne Arbeit. Auf dem Weg zu einer kommunikativen Gesellschaft*, Wien, Europaverlag.

CAILLÉ, A. (Hg.) (1987), *Du revenu social: au-delà de l'aide, la citoyenneté?*, Paris, Bulletin du MAUSS Nr. 23.

CAILLÉ, A. (Hg.) (1996), *Vers un revenu minimum inconditionnel?*, Paris, Revue du MAUSS semestrielle Nr. 7, La Découverte/MAUSS.

CAILLÉ, A. (1994), *Temps choisi et revenu de citoyenneté. Au-delà du salariat universel*, Caen-Paris, Démosthène-MAUSS.

CAILLÉ, A./INSEL, A. (1996), »Notes sur le revenu minimum inconditionnel garanti«, in: A. CAILLÉ (Hg.) (1996), *Vers un revenu minimum inconditionnel?*, in: *Revue du MAUSS semestrielle* Nr. 7, S. 158–168.

CASTEL, R. (1995), *Les métamorphoses de la question sociale. Une chronique du salariat*, Paris, Fayard [dt. Übersetzung *Die Metamorphosen der sozialen Frage. Eine Chronik der Lohnarbeit*, Konstanz, UVK, 2000].

CHARLIER, J. (1848), *Solution du problème social ou constitution humanitaire*, Brüssel, ›Chez tous les libraires du Royaume‹.

CHARLIER, J. (1894), *La Question sociale résolue, précédée du testament philosophique d'un penseur*, Brüssel, Weissenbruch.

CLARK, C.M.A. (2002), *The Basic Income Guarantee. Ensuring progress and prosperity in the 21st century*, Dublin, The Liffey Press & CORI Justice Commission.

CLEMONS, S. (2003), »Sharing, Alaska-Style«, *The New York Times*, 9. April.

CLERC, D. (2003), »L'idée d'un revenu d'existence: une idée séduisante et … dangereuse«, in: J.-P. FITOUSSI/P. SAVIDAN (Hg.), *Comprendre* Nr. 4, 'Les inégalités', Paris, PUF, S. 201–207.

COLE, G.D.H. (1929), *The Next Ten Years in British Social and Economic Policy*, London, Macmillan.

COLE, G.D.H. (1935), *Principles of Economic Planning*, London, Macmillan.

COLE, G.D.H. (1953), *A History of Socialist Thought*, London, Macmillan.

COLLECTIF CHARLES FOURIER (1985), »L'allocation universelle«, *La Revue Nouvelle*, Jg. 81, S. 345–351. [dt. Übersetzung : Das allgemeine Grundeinkommen, in : M. Opielka (Hg.) : Die ökosoziale Frage. Entwürfe zum Sozialstaat. Frankfurt: Fischer 1985, 235–242.]

CONDORCET, Marquis de (1795), *Esquisse d'un tableau historique des progrès de l'esprit humain*, Neuausgabe: Paris, Garnier-Flammarion, 1988. [Entwurf einer historischen Darstellung der Fortschritte des menschlichen Geistes, Frankfurt/M., Europäische Verlagsanstalt, 1963].

CONSIDERANT, V. (1845), *Exposition abrégée du système Phalanstérien de Fourier*, Paris, Librairie sociétaire. [dt. Übersetzung : Fouriers System der sozialen Reform. Leipzig: C.L. Hirschfeld 1906.]

COURNOT, A. (1838), *Recherches sur les principes mathématiques de la théorie des richesses*, Neuausgabe: Paris, Vrin, 1980 [dt. Übersetzung *Untersuchung über die mathematischen Grundlagen der Theorie des Reichtums*, Jena, Fischer, 1924].

CROTTY, R. (1986), *Ireland in Crisis. A study in capitalist colonial development*, Dingle, Brandon.

CUNLIFFE, J./ERREYGERS, G. (2001), »The Enigmatic Legacy of Charles Fourier: Joseph Charlier and Basic Income«, *History of Political Economy*, Jg. 33, S. 459–484.

CUNLIFFE, J./ERREYGERS G./VAN TRIER, W. (2003), »Basic Income: Pedigree and Problems«, in: A. REEVE/A. WILLIAMS (Hg.), *Real Libertarianism Assessed: Political Theory after Van Parijs*, Basingstoke, Palgrave Macmillan, S. 15–28.

CUNLIFFE, J./ERREYGERS, G. (Hg.) (2004), *The Origins of Universal Grants. An Anthology of Historical Writings on Basic Capital and Basic Income,* Basingstoke, Palgrave Macmillan.

DANIEL, C./PALIER, B. (Hg.) (2001), *La protection sociale en Europe: le temps des réformes*, Paris, La Documentation Française – DREES.

DAVIDSON, M. (1995), »Liberale grondrechten en milieu. Het recht op milieugebruiksruimte als grondslag van een basisinkomen«, *Milieu* Nr. 5, S. 246–249.

DEKKERS, J.M./NOOTEBOOM, B. (1988), *Het gedeeltelijk basisinkomen, de hervorming van de jaren negentig*, Den Haag, Stichting Maatschappij en Onderneming.

DEL BO, C. (2004), *Un reddito per tutti. Un'introduzione al* basic income, Como-Pavia, Ibis.

DELVAUX, B./CAPPI, R. (1990), *Les allocataires sociaux confrontés aux pièges financiers: Analyse des situations et des comportements*, Université catholique de Louvain, IRES.

DORE, R. (2001), »Dignity and Deprivation«, in: P. VAN PARIJS et al., *What's Wrong with a Free Lunch?*, Boston, Beacon Press, S. 80–84.

DOUGLAS, C.H. (1924), *Social Credit*, London, Eyre & Spottiswoode.

DOWDING, K./DE WISPELAERE, J./WHITE, S. (Hg.) (2003), *The Ethics of Stakeholding*, Basingstoke, Palgrave.

DUBOIN, J. (1932), *La Grande Relève des hommes par la machine*, Paris, Fustier.

DUBOIN, J. (1998), *Le socialisme distributiste*, Paris, L'Harmattan.

DUBOIN, M.-L. (1988), »Guaranteed income as an inheritance«, in: MILLER, A.G. (Hg.), *Proceedings of the First International Conference on Basic Income*, London, BIRG & Anvers, BIEN, S. 134–145.

DUCHÂTELET, R. (1994), »An economic model for Europe based on consumption financing on the tax side and the basic income principle on the redistribution side«, Beitrag zum BIEN-Kongress, London, September.

ELSTER, J. (1986), »Comment on Van der Veen and Van Parijs«, *Theory and Society*, Jg. 15, S. 709–721.

ENGELS, W./MITSCHKE, J./STARKLOFF, B. (1973), *Staatsbürgersteuer. Vorschlag zur Reform der direkten Steuern und persönlichen Subventionen durch ein integriertes Personalsteuer- und Subventionssystem*, Wiesbaden, Karl Bräuer-Institut.

ESPING-ANDERSEN, G. (1990), *The Three Worlds of Welfare Capitalism*, Princeton, Princeton University Press.

EYDOUX, A./SILVERA, R. (2000), »De l'allocation universelle au salaire maternel: il n'y a qu'un pas … à ne pas franchir«, in: T. COUTROT/C. RAMAUX (Hg.), *Le bel avenir du contrat de travail*, Paris, Syros, S. 41–60.

FERRY, J.-M. (1995), *L'Allocation universelle. Pour un revenu de citoyenneté*, Paris, Cerf.

FERRY, J.-M. (2000), *La Question de l'Etat européen*, Paris, Gallimard.

FITZPATRICK, T. (1999), *Freedom and Security. An Introduction to the Basic Income Debate*, London, Macmillan.

FOURIER, C. (1836), *La Fausse industrie*, Neuausgabe: Paris, Anthropos, 1967.

FRANKMAN, M.J. (1999), »Le revenu universel. Un antidote à l'apartheid global«, *Agone. Philosophie, Critique & Littérature*, Nr. 21, S. 105–118.

FRANKMAN, M.J. (2004), *World Democratic Federalism. Peace and Justice Indivisible*, London, Palgrave.

FRIEDMAN, M. (1962), *Capitalism and Freedom*, Chicago, University of Chicago Press [dt. Übersetzung: *Kapitalismus und Freiheit*, München, Piper, 2004].

FRIEDMAN, M. (1968), »The case for the negative income tax: a view from the right«, in: J.H. BUNZEL (Hg.), *Issues of American Public Policy*, Englewood Cliffs, Prentice-Hall, S. 111–120.

FÜLLSACK, M. (2002), *Leben ohne zu arbeiten? Zur Sozialtheorie des Grundeinkommens*, Berlin, Avinus-Verlag.

FUMAGALLI, A./LAZZAROTTO, M. (Hg.) (1999), *Tutte bianche. Disoccupazione di massa e reddito di cittadinanza*, Rom, Derive Approdi.

GEFFROY, L. (2002), *Garantir le revenu. Histoire et actualité d'une utopie concrète*, Paris, La Découverte/MAUSS.

GENET, M./VAN PARIJS, P. (1992), »Eurogrant«, *Basic Income Research Group Bulletin*, NR. 15, S. 4–7.

GEORGE, H. (1879), *Progress and Poverty*, London, The Hogarth Press, 1953 [dt. Übersetzung *Fortschritt und Armuth. Eine Untersuchung über die Ursache der industriellen Krisen und die Zunahme der Armuth bei zunehmendem Reichtum*, Berlin, Staude, 1890, 4. Auflage].

GILAIN, B./VAN PARIJS, P. (1996), »L'allocation universelle: un scénario de court terme et son impact distributif«, *Revue belge de Sécurité Sociale*, 1. Halbjahr, S. 5–80.

GIRALDO, J. (2003), *La renta básica, más allá de la sociedad salarial*, Medellin, Ediciones Escuela Nacional Sindical.

GODINO R. et al (1999), Pour une réforme du RMI, *Notes de la Fondation Saint Simon*, Jg. 104, Februar.

GOLDSMITH, S. (2004), »The Alaska Permanent Fund Dividend: An experiment in wealth distribution«, in: G. STANDING (Hg.), *Promoting Income Security as a Right: Europe and North America*, London, Anthem Press, S. 549–561.

GOODMAN, P./GOODMAN, P. (1947), *Communitas: Means of Livelihood and Ways of Life*, Chicago, Chicago University Press (New York, Random House, 1960).

GORZ, A. (1983), *Les Chemins du Paradis. L'agonie du capital*, Paris, Galilée [dt. Übersetzung *Wege ins Paradies. Thesen zur Krise, Automation und Zukunft der Arbeit*, Berlin, Rotbuch-Verlag, 1985].

GORZ, A. (1985), »Allocation universelle: version de droite et version de gauche«, *La Revue Nouvelle*, Jg. 81, S. 419–428. [dt. Fassung : Garantierte Grundversorgung aus rechter und linker Sicht, in : M. Opielka/G. Vobruba (Hg.): *Das garantierte Grundeinkommen: Entwicklung und Perspektiven einer Forderung*, Frankfurt: Fischer 1986, 53–62.]

GORZ A. (1997), *Misères du présent, Richesse du possible*, Paris, Galilée [dt. Übersetzung *Arbeit zwischen Elend und Utopie*, Frankfurt/M., Suhrkamp, 1999].

GREFFE, X. (1978), *L'Impôt des pauvres. Nouvelle stratégie de politique sociale*, Paris, Dunod.

GROOT, L./VAN DER VEEN, R. (2000), »Clues and Leads in the Debate on Basic Income in the Netherlands«, in: R. VAN DER VEEN/L. GROOT (Hg.), *Basic Income on the Agenda*, Amsterdam, Amsterdam University Press, S. 197–223.

GUILLOTEAU, L./REVEL, J. (Hg.) (1999), »Revenu garanti pour tous«, *Dossier Vacarme*, Nr. 9, Herbst, S. 9–22.

HANDLER, J. F. (2004), *Social Citizenship and Workfare in the United States and Western Europe. The Paradox of Inclusion*, Cambridge, Cambridge University Press.

HUBER, J. (1998), *Vollgeld. Beschäftigung, Grundsicherung und weniger Staatsquote durch eine modernisierte Geldordnung*, Berlin, Duncker & Humblot.

HUBER, J./ROBERTSON, J. (2000), *Creating New Money. A Monetary Reform for the Information Age*, London, New Economics Foundation.

HUET, F. (1853), *Le Règne social du christianisme*, Paris, Firmin Didot/Brüssel, Decq.

JACQUET, L. (2003), *Optimal Redistribution. When Stigma Matters*, Université catholique de Louvain, Doktorarbeit (Wirtschaftswissenschaften).

JOIN-LAMBERT, M.-T. (1998), *Chômage: mesures d'urgence et minima sociaux. Problèmes soulevés par les mouvements de chômeurs en France*, Paris, La Documentation française.

JORDAN, B. (1973), *Paupers. The making of the new claiming class*, London, Routledge & Kegan Paul.

JORDAN, B. et al. (1992), *Trapped in Poverty? Labour-Market Decisions in Low-Income Households*, London, Routledge.

KAUS, M. (1992), *The End of Equality*, New York, Basic Books.

KOOISTRA, P. (1994), *Het ideale eigenbelang. Een UNO–Marshallplan voor alle mensen*, Kampen, Kok Agora.

KRAUSE-JUNK, G. (1996), »Probleme einer Integration von Einkommensbesteuerung und steuerfinanzierten Sozialleistungen«, *Wirtschaftsdienst*, Nr. 7, S. 345–349.

KREBS, A. (2000), »Why mothers should be fed: Eine Kritik an Van Parijs«, in: A. KREBS (Hg.), *Basic Income? A Symposium on Van Parijs*, Sonderausgabe Analyse und Kritik, Jg. 22, S. 155–178.

KUIPER, J.P. (1976), »Arbeid en Inkomen: twee plichten en twee rechten«, *Sociaal Maandblad Arbeid*, Nr. 9, S. 503–512.

LE GRAND, J. (2003), *Motivation, Agency and Public Policy*, Oxford, Oxford University Press.

LEGENDRE, F. et al. (2004), »La prime pour l'emploi constitue-t-elle un instrument de soutien aux bas revenus?«, *Revue de l'OFCE*, Nr. 88, S. 43–58.

LEIPERT, C./OPIELKA, M. (1998), *Erziehungsgehalt 2000. Ein Weg zur Aufwertung der Erziehungsarbeit*, Bonn-Freiburg, Institut für Sozialökologie.

LELEUX, C. (1998), Travail ou revenu? Pour un revenu inconditionnel, Paris, Cerf.

LENKOWSKY, L. (1986), *Politics, Economics, and Welfare Reform. The Failure of the Negative Income Tax in Britain and the United States*, New York, University Press of America.

LERNER, A.P. (1944), *Economics of Control. Principles of Welfare Economics*, New York, Macmillan.

MALTHUS, T. (1898), *An Essay on the Principle of Population*, Trad. franç.: Essai sur le principe de population, Paris, Gonthier, 1963 [Dt. Übersetzung *Das Bevölkerungsgesetz*, München, DTV, 1977].

MARC, A. (1972), »Redécouverte du minimum vital garanti«, *L'Europe en formation*, Nr. 143, S. 19–25.

MARX, K./ENGELS, F. (1875), Kritik des Gothaer Programms, *MEW* 19 Berlin, Dietz-Verlag, 1986, 4. Auflage.

MCKAY, A. (2000), *Arguing for a Citizens Basic Income – A contribution from a Feminist Economics Perspective*, University of Nottigham, Doktorarbeit (Wirtschaftswissenschaften).

MCKAY, A. (2001), »Rethinking Work and Income Maintenance Policy: Promoting Gender Equality through a Citizens Basic Income«, *Feminist Economics*, Jg. 7, S. 93–114.

MEADE, J.E. (1935), »Outline of an Economic Policy for a Labour Government«, in: S. HOWSON (Hg.), *The Collected Papers of James Meade.* Volume I: Employment and Inflation, London, Unwin Hyman Ltd, 1988.

MEADE, J.E. (1989), *Agathotopia: The Economics of Partnership*, Aberdeen, Aberdeen University Press.

MEADE, J.E. (1993), *Liberty, equality and efficiency*, London, Macmillan.

MEADE, J.E. (1995), *Full Employment Regained?*, Cambridge, Cambridge University Press.

MEYER, N. et al. (1978), *Revolt from the Center*, London, Marion Boyars. [dt.: Aufruhr der Mitte: Modell einer künftigen Gesellschaftsordnung. Hamburg: Hoffmann und Campe 1979]

MILANO, S. (1995), *Le revenu minimum garanti dans la CEE*, Paris, PUF, 3., durchgesehene und verbesserte Auflage.

MILLER, A.G. (1983), *In Praise of Social Dividends*, Edinburg, Heriot-Watt University, Department of Economics, working paper Nr. 83.1.

MILLER, A.G. (1988), »Basic Income and Women«, in: A.G. MILLER (Hg.), *Basic Income and Problems of Implementation: Proceedings of the First International Conference on Basic Income*, Antwerpen, BIEN, S. 11–23.

MILNER, D. (1920), *Higher Production by a Bonus on National Output. A proposal for a minimum income for all varying with national productivity*, London, George Allen & Unwin.

MILNER, E.M./MILNER, D. (1918), Scheme for a State bonus, Kent, Simpkin, Marshall & Co.

MIRRLEES, J.A. (1971), »An Exploration in the Theory of Optimum Income Taxation«, *Review of Economic Studies*, Jg. 38, S. 175–208.

MITSCHKE, J. (1985), *Steuer- und Transferordnung aus einem Guß. Entwurf einer Neugestaltung der direkten Steuern und Sozialtransfers in der Bundesrepublik Deutschland*, Baden-Baden, Nomos.

MITSCHKE, J. (1997), »Höhere Niedriglöhne durch Sozialhilfe oder Bürgergeld?«, *Frankfurter Allgemeine Zeitung*, 28. September.

MITSCHKE, J. (2004), *Erneuerung des deutschen Einkommensteuerrechts*, Köln, Otto Schmidt Verlag.

MORUS, T. (1516), *Utopia*, dt. Übersetzung: Utopia, Frankfurt/M., Insel, 1990.

MORINI, C. (1999), »Alla ricerca della libertà: donne e reddito di cittadinanza«, in: A. FUMAGALLI/M. LAZZAROTTO (Hg.), *Tutte bianche. Disoccupazione di massa e reddito di cittadinanza*, Rom, Derive Approdi, S. 45–54.

MOYNIHAN, D.P. (1973), *The Politics of a Guaranteed Income. The Nixon Administration and the Family Assistance Plan*, New York, Random House.

MUSGRAVE, R.A. (1974), »Maximin, Uncertainty, and the Leisure Trade-Off«, *Quarterly Journal of Economics*, Jg. 88, S. 625–632.

NOZICK, R. (1974), *Anarchy, State and Utopia*, Oxford, Blackwell [Dt. Übersetzung *Anarchie, Staat, Utopia*, München, MVG, 1976].

OFFE, C. (1992), »A Non-Productivist Design for Social Policies«, in: P. VAN PARIJS (Hg.), *Arguing for Basic Income*, London, Verso, S. 61–78.

OFFE, C. (1996), »Full Employment: Asking the Wrong Question?«, in: E. O. ERIKSEN/J. LOFTAGER (Hg.) *The Rationality of the Welfare State*, Oslo, Scandinavian University Press, S. 121–131. [dt.: »Vollbeschäftigung? Zur Kritik einer falsch gestellten Frage«, in: K. Bentele/B. Reissert/R. Schettkat (Hg.), *Die Reformfähigkeit von Industriegesellschaften*. Festschrift für Fritz W. Scharpf, Frankfurt: Campus 1995, 240–249]

OPIELKA, M./OSTNER, I. (Hg.) (1987), *Umbau des Sozialstaats*, Essen, Klartext.

OPIELKA, M./VOBRUBA, G. (Hg.) (1986), *Das garantierte Grundeinkommen. Entwicklung und Perspektiven einer Forderung*, Frankfurt, Fischer.

PAINE, T. (1796), Agrarian Justice, in: M. PHILIP (Hg.), *Thomas Paine: Rights of Man, Common sense and Other Political Writings*, Oxford, Oxford University Press, 1995.

PARKER, H. (1989), *Instead of the Dole: An Enquiry into the Integration of the Tax and Benefit Systems*, London, Routledge.

PELZER, H. (1996), »Bürgergeld – Vergleich zweier Modelle«, *Zeitschrift für Sozialreform*, Jg. 42, S. 595–613.

PHELPS, E.S. (1997), *Rewarding Work*, Cambridge (Mass.), Harvard University Press.

PIKETTY, T. (1997), »La redistribution fiscale face au chômage«, *Revue française d'économie*, Jg. 12, S. 157–201.

PIKETTY, T. (1999), »Allocation compensatrice de revenu ou revenu universel«, in: R. GODINO et al, *Pour une réforme du RMI, Notes de la Fondation Saint Simon*, Nr. 104, Februar, S. 21–29.

PINILLA PALLEJÀ, R. (2004), La renta básica de ciudadanía. Una propuesta clave para la renovación del Estado del bienestar, Barcelona, Icaria.

PISANI-FERRY, J. (2000), *Plein emploi*, Paris, Conseil d'Analyse économique – La Documentation Française.

POLANYI, K. (1944), *The Great Transformation*, [Dt. Übersetzung *The Great Transformation. Politische und ökonomische Ursprünge von Gesellschaften und Wirtschaftssystemen*, Frankfurt/M., Suhrkamp, 1978].

POPPER-LYNKEUS J. (1912), *Die allgemeine Nährpflicht als Lösung der sozialen Frage*, Dresden, Carl Reissner Verlag.

PRATS, M. (1996), »L'allocation universelle à l'épreuve de la Théorie de la justice«, *Documents pour l'enseignement économique et social*, Nr. 106, Dezember, S. 71–110.

RAVENTOS, D. (1999), *El derecho a la existencia. La propuesta del Subsidio Universal Garantizado*, Barcelona, Editorial Ariel Practicum.

RAWLS, J. (1967), »Distributive Justice«, in: J. RAWLS, *Collected Papers*, Cambridge (Mass.), Harvard University Press, S. 130–153.

RAWLS, J. (1971), *A Theory of Justice*, Oxford, Oxford University Press, 1972 [Dt. Übersetzung *Eine Theorie der Gerechtigkeit*, Frankfurt/M., Suhrkamp, 1975].

RAWLS, J. (1974), »Reply to Alexander and Musgrave«, *Quarterly Journal of Economics*, Jg. 88, S. 633–655.

RAWLS, J. (1988), »The Priority of Right and Ideas of the Good«, *Philosophy and Public Affairs*, Jg. 17, S. 251–76.

REEVE, A./WILLIAMS, A. (Hg.), *Real Libertarianism Assessed: Political Theory after Van Parijs*, Basingstoke, Palgrave Macmillan.

REYNOLDS, B./HEALY, S. (Hg.) (1995), *An Adequate Income Guarantee for All, Dublin*, CORI Justice Commission.

RHYS-WILLIAMS, J. (1943), *Something to look forward to. A suggestion for a new social contract*, London, Macdonald.

ROBERTS, K.V. (1982), *Automation, unemployment and the distribution of income*, Maastricht, European Center for Work and Society.

ROBERTSON, J. (Hg.) (1998), *Sharing our Common Heritage: Resource Taxes and Green Dividends*, Oxford, Oxford Centre for the Environment, Ethics and Society.

ROBERTSON, J. (1989), *Future Wealth. A new economics for the 21st Century*, London-New York, Cassell.

ROBEYNS, I. (2001a), »An Income of One's Own«, *Gender and Development*, Jg. 9, S. 82–89.

ROBEYNS, I. (2001b), »Will a Basic Income Do Justice to Women?«, *Analyse und Kritik*, Jg. 23, S. 88–105.

RUSSELL, B. (1918), *Roads to Freedom. Socialism, Anarchism and Syndicalism*, London, Unwin Books, 1966 [Dt. Übersetzung *Wege zur Freiheit. Sozialismus, Anarchismus und Syndikalismus*, Frankfurt/M., Suhrkamp, 1973, 2. Auflage].

SALA-I-MARTIN, X./SUBRAMANIAN, A. (2003), »Addressing the Natural Resource Curse: An illustration from Nigeria«, *NBER Working* Paper w9804.

SALVERDA, W. (1984), »Basisinkomen en inkomensverdeling. De financiële uitvoerbaarheid van het basisinkomen«, *Tijdschrift voor Politieke Ekonomie*, Jg. 8, S. 9–41.

SARACENO, C. (1989), »Una persona, un reddito«, *Politica ed Economia*, Jg. 1, S. 27–32.

SCHARPF, F. (1993), »Von der Finanzierung der Arbeitslosigkeit zur Subventionierung niedriger Erwerbseinkommen«, *Gewerkschaftliche Monatshefte*, Nr. 7, S. 433–443.

SCHMID, T. (Hg.) (1984), *Befreiung von falscher Arbeit. Thesen zum garantierten Mindesteinkommen*, Berlin, Wagenbach.

SCHMITTER, P./BAUER, M. (2001), »A (modest) proposal for expanding social citizenship in the European Union«, *Journal of European Social Policy*, Jg. 11, S. 342–62.

SENNETT, R. (2003), *Respect in a World of Inequality*, New York-London, Norton.

SPENCE, T. (1797), »The Rights of Infants«, in: J. CUNLIFFE/G. ERREYGERS (Hg.), *The Origins of Universal Grants,* Basingstoke, Palgrave Macmillan, 2004, S. 81–91.

STANDING, G. (Hg.) (2004), *Promoting Income Security as a Right: Europe and North America*, London, Anthem Press.

STANDING, G. (1986), »Meshing Labour Flexibility with Security: An Answer to Mass Unemployment?«, *International Labour Review*, Jg. 125, S. 87–106.

STANDING, G. (1992), »The Need for a New Social Consensus«, in: P. VAN PARIJS (Hg.), *Arguing for Basic Income*, London, Verso, S. 47–60

STANDING, G. (1999), *Global Labour Flexibility. Seeking Distributive Justice*, London-Basingstoke, Macmillan.

STANDING, G./SAMSON, M. (Hg.) (2003), *A Basic Income Grant for South Africa*, Cape Town, University of Cape Town Press.

STEINER, H. (1992), »Three Just Taxes«, in: P. VAN PARIJS (Hg.), *Arguing for Basic Income*, London, Verso, S. 81–92.

STEINER, H. (1994), *An Essay on Rights*, Oxford, Blackwell.

STOLERU, L. (1974), *Vaincre la Pauvreté dans les pays riches*, Paris, Flammarion.

SUPLICY, E.M. (2002), *Renda de Cidadania. A saída é pela porta*, Sao Paulo, Cortez Editora.

THEOBALD, R. (Hg.) (1967), *The Guaranteed Income: next step in socioeconomic evolution?*, New York, Anchor Books.

THEOBALD, R. (1963), *Free Men and Free Markets*, New York, Anchor books.

TOBIN, J. (1965), »On the Economic Status of the Negro«, *Daedalus*, Jg. 94, S. 878–98.

TOBIN, J./PECHMAN, J.A./MIESZKOWSKI, P.M. (1967), »Is a Negative Income Tax Practical?«, *The Yale Law Journal*, Jg. 77, S. 1–27.

VALLENTYNE, P./STEINER, H. (Hg.) (2000a), *The Origins of Left-Libertarianism*, Basingstoke, Palgrave Macmillan.

VALLENTYNE, P./STEINER, H. (Hg.) (2000b), *Left-Libertarianism and its Critics*, Basingstoke, Palgrave Macmillan.

VANDENBROUCKE, F. (1997), »A propos de l'instauration pragmatique d'une allocation universelle«, *La Revue nouvelle*, Jg. 105, S. 161–166.

VANDENBROUCKE, F. (2001), *Social Justice and Individual Ethics in an Open Society*, Berlin-New York, Springer.

VANDERBORGHT, Y. (2001), »La France sur la voie d'un 'Revenu minimum inconditionnel'?«, *Mouvements*, Nr. 15–16, S. 157–165.

VANDERBORGHT, Y./VAN PARIJS, P. (2001), »Assurance participation et revenu de participation. Deux manières d'infléchir l'état social actif«, *Reflets et perspectives de la vie économique*, Jg. 40, S. 183–196.

VANDERBORGHT, Y. (2002), »Belgique: VIVANT ou l'allocation universelle pour seul programme électoral«, *Multitudes*, Nr. 8, März/April, S. 135–145.

VANDERBORGHT, Y. (2004a), *La faisabilité politique d'un revenu inconditionnel*, Université catholique de Louvain, Doktorarbeit (Politikwissenschaften).

VANDERBORGHT, Y. (2004b), »Universal Basic Income in Belgium and the Netherlands: Implementation Through the Back Door?«, *EUI Working Paper SPS Nr. 2004/4*, European University Institute, Florenz.

VAN DER VEEN, R./GROOT, L. (Hg.) (2000), *Basic Income on the Agenda*, Amsterdam, Amsterdam University Press.

VAN DER VEEN, R./VAN PARIJS, P. (1986a), »A Capitalist Road to Communism«, *Theory and Society*, Jg. 15, S. 635–55. [dt. Übersetzung in kürzerer Fassung: Ein kapitalistischer Weg zum Kommunismus, in: M. Opielka/I. Ostner (Hg.): Umbau des Sozialstaats. Essen: Klartext 1987, 167–176.]

VAN DER VEEN, R./VAN PARIJS, P. (1986b), »Universal Grants versus Socialism. Reply to six Critics«, *Theory and Society*, Jg. 15, S. 723–757.

VAN PARIJS, P. (1985), »Marx, l'écologisme et la transition directe du capitalisme au communisme«, in: B. CHAVANCE, *Marx en perspective*, Paris, Ecole des Hautes Etudes en Sciences Sociales, S. 135–55.

VAN PARIJS, P. (1990), »The Second Marriage of Justice and Efficiency«, *Journal of Social Policy*, Jg. 19, S. 1–25.

VAN PARIJS, P. (1991), »Why surfers should be fed. The liberal case for an unconditional basic income«, *Philosophy and Public Affairs*, Jg. 20, S. 101–131.

VAN PARIJS, P. (Hg.) (1992), *Arguing for Basic Income*, London, Verso.

VAN PARIJS, P. (1995), *Real Freedom for All. What (if anything) Can Justify Capitalism?*, Oxford, Oxford University Press.

VAN PARIJS, P. (1996), *Refonder la solidarité*, Paris, Cerf.

VAN PARIJS, P./JACQUET, L./SALINAS, C. (2000), »Basic Income and its Cognates«, in: R. VAN DER VEEN/L. GROOT (Hg.), *Basic Income on the Agenda*, Amsterdam, Amsterdam University Press, S. 53–84.

VAN PARIJS, P./VANDERBORGHT, Y. (2001), »From Euro-Stipendium to Euro-Dividend«, *Journal of European Social Policy*, Jg. 11, S. 342–346.

VAN PARIJS, P. et al. (2001), *What's Wrong with a Free Lunch?*, Boston, Beacon Press.

VAN PARIJS, P. (2002), »Difference Principles«, in: S. FREEMAN, *The Cambridge Companion to John Rawls*, Cambridge, Cambridge University Press, S. 200–240.

VAN TRIER, W. (1995), *Everyone a King. An Investigation into the Meaning and Significance of the Debate on Basic Incomes with Special Reference to Three Episodes from the British Inter-War Experience,* Katholieke Universiteit Leuven, Doktorarbeit (Soziologie).

VIVES, J. L. (1526), *De Subventione Pauperum*, Neuausgabe: Florenz, La Nuova Italia, 1973.

WERNERUS, S. (2004), *Les syndicats contre l'allocation universelle? Mise en perspective des points de vue belges et québecois*, Université catholique de Louvain, Magisterarbeit.

WHITE, S. (2003a), *The Civic Minimum*, Oxford, Clarendon Press.

WHITE, S. (2003b), »Fair reciprocity and basic income«, in: A. REEVE/A. WILLIAMS (Hg.), *Real Libertarianism Assessed: Political Theory after Van Parijs*, Houndmills, Palgrave Macmillan, S. 136–160

WIDERQUIST, K. (2004), »A Failure to Communicate: The Labour Market Findings of the Negative Income Tax Experiments and Their Effects on Policy and Public Opinion«, in: G. STANDING (Hg.), *Promoting Income Security as a Right: Europe and North America*, London, Anthem Press, S. 497–537.

WOOD, A. (1994), *North-South Trade, Employment and Inequality*, Oxford, Oxford University Press.

WRIGHT, E.O. (Hg.) (2004), *Redesigning Distribution: Basic Income and Stakeholder Grants as Cornerstones of a More Egalitarian Capitalism*, numéro spécial de *Theory & Society*, Jg. 32.

WRR (Wetenschappelijke Raad voor het Regeringsbeleid) (1985), *Safeguarding social security*, Den Haag, Staatsuitgeverij.

Sach- und Personenregister

Ackerman, Bruce 22, 38, 40
Alaska 11, 35f., 39, 41, 43, 47, 61, 67, 124, 140
Allgemeines Grundeinkommen
- Alternative Modelle 124ff.
- Auszahlungsebene 41f.
- Auszahlungshöhe 40f.
- Auszahlungsrythmus 38ff.
- Bezugseinheit 48, 63, 72
- Definition 37, 40f., 59, 73, 132
- Differenzierung nach Alter 40, 47f., 90
- Finanzierungsmodus 42ff.
- Haltung von Arbeitslosen zu 103ff.
- Haltung von Gewerschaften/ Arbeitnehmern zu 100ff.
- Kumulierbarkeit mit anderen Einkommen 55f., 62, 73, 75, 79, 116, 119
- Mitgliederstatus 46f.
- Natürliche Ressourcen als Grundlage für 24f., 43, 67, 87ff., 124, 141
- Synonyme 14, 41

Alstott, Anne 22, 38, 40, 86
Arbeitslosigkeit 12, 17f., 27, 46, 53, 59, 64, 74ff., 97, 100ff., 107, 116, 121, 129, 134ff., 141, 143ff.
Arbeitslosigkeitsfalle 75f., 80, 110, 119
Arbeitsumverteilung 79, 101, 107
Armut 12, 17, 23, 27, 30, 42, 46, 53, 62, 64ff., 72, 74f., 81, 97, 103, 105, 107, 120, 129, 131, 133ff., 142f.
Armutsschwelle 40, 64, 112, 125
Association pour l'instauration d'un revenu d'existence (AIRE) 33
Atkinson, Anthony 60, 68, 120ff.
Australien 19, 35
Autonomieverlust 134ff.

Basic Income European Network (BIEN) 12, 34f., 131, 151
Belgien 14, 19, 20, 33f., 101, 105f., 108, 114, 122ff.
Beveridge, William 18, 28
Bismarck, Otto von 17f., 114
Brasilien 11, 41, 111f.

Charlier, Joseph 14, 22, 24f., 39, 43, 87, 107
Cole, George D. H. 14, 27, 29, 59, 109
Collectif Charles Fourier 14, 33ff.
Condorcet, Marquis de 17

Cournot, Antoine Augustin 28f.

da Silva, Luiz Inácio Lula 11, 111
Dänemark 14, 20, 31
Deutschland 14, 19f., 32, 57, 104, 106, 110, 112, 114f., 131ff., 144ff.

Fourier, Charles 23ff.
Frankreich 13f., 19ff., 32ff., 40, 48, 57, 77, 104ff., 111ff.
Friedman, Milton 28ff., 52, 101, 120

Gerechtigkeit 21, 24, 62, 85, 86, 91, 94ff., 123, 129, 130ff., 139ff.
Geschlechtergleichheit 23, 39, 85ff.
Gewerkschaften 32, 100ff., 131, 143
Godino, Roger 115f., 120
Großbritannien 14, 18, 20, 26ff., 32, 39, 57, 105, 108f.

Italien 14, 20, 102, 112

Kanada 19, 27, 31, 101, 124
Kombilohn 57f., 62, 77f., 149

Lerner, Abba 28f.
Libertarismus 25, 32, 37, 87ff., 97, 104, 132, 142

Marx, Karl 23f., 89, 91
Meade, James 27, 29, 45, 59, 75, 109, 120
Mill, John Stuart 22, 25, 27
Milner, Dennis 14, 26, 39
Mindestlohn 57, 76, 78, 100, 116, 149
Mitschke, Joachim 14, 32, 48, 115, 120
Morus, Thomas 12, 15f., 61
Mouvement anti-utilitariste dans les sciences sociales (MAUSS) 33f.

Negativsteuer 28ff., 51ff., 62, 69, 73, 75, 77, 79, 80, 92, 101, 106, 108, 111, 114ff., 128, 149
Niederlande 14, 16, 19, 20, 31f., 102, 104ff., 114, 117ff.
Niedriglohnsektor 76ff., 81f., 115, 149

Österreich 20, 108, 113

Paine, Thomas 21f., 24, 38, 40, 43, 61, 87, 107
Participation income (Beteiligungs-Entschädigung) 60, 62, 121ff., 127f.
Poor Laws 15ff.
Produktionsproblem 133f.

Rawls, John 91ff.

Soziale Mindeststandards 16, 20, 104
Sozialhilfe 12f., 16, 18ff., 30, 34, 41, 48, 54f., 57, 61f., 73, 77, 79f., 99, 103, 111f., 115f., 120, 123, 126, 150
Sozialversicherung 11, 17f., 21, 109, 114, 133, 145
Spanien 20, 42, 102, 111
Speenhamland 16f.
Spence, Thomas 12, 22ff., 61, 87, 107
Südafrika 35, 103, 125

Tobin, James 14, 29f., 43, 75

Umverteilung 43, 45, 67, 85, 87, 90, 92, 97, 128
USA 14, 19, 21f., 28ff., 35f., 57, 77, 87, 101, 106, 124

Vereinigte Staaten von Amerika *Siehe* USA
Verteilungsproblem 133ff.
Verwaltungskosten 60, 67ff., 72, 117, 138, 140
Vives, Johannes Ludovicus 15f., 20, 61